全国高职高专教育精品规划教材

出纳实务与实用技能

周 军 鄢烈仿 编 著

北京交通大学出版社

·北京·

内 容 简 介

本书从高职高专会计专业人才培养目标的基本要求出发，结合出纳工作岗位的实际，以出纳岗位职业能力为本位，以出纳活动工作过程为主导，以突出实践能力的培养、强化岗位技能的运用为宗旨，系统、全面地演绎"出纳"这一特定的会计工作岗位上应该具备的基本知识和操作技能。本书按"4+1"构建教材体系，即4个技能模块（基本技能、凭证技能、账簿技能、业务技能等）和1个综合业务与技能训练项目。按照"优化、序化和细化"的原则，对具体的操作技能按工作处理流程进行了阐述和演练，形成出纳工作"点、线、面"相结合的技能体系，既有出纳及相关知识的介绍，又有出纳技能操作的运用，是对出纳岗位工作应掌握的技能进行详尽的说明和具体的解析。

本书是高职高专财务会计类专业的专用教材，也可作为本科二级院校、成人高校及民办高校、中等专业学校会计及相关管理类专业的辅导教材，亦可作为出纳人员岗位培训的培训教材。

图书在版编目（CIP）数据

出纳实务与实用技能/周军，鄢烈仿编著. —北京：北京交通大学出版社，2010.8
（2013.1 重印）
（全国高职高专教育精品规划教材）
ISBN 978-7-5121-0192-0

Ⅰ.① 出…　Ⅱ.① 周…　② 鄢…　Ⅲ.① 现金出纳管理-高等学校：技术学校-教材
Ⅳ.① F23

中国版本图书馆 CIP 数据核字（2010）第 139147 号

责任编辑：张慧蓉
出版发行：北京交通大学出版社　　　　　　　电话：010-51686414
　　　　　北京市海淀区高粱桥斜街 44 号　　　邮编：100044
印　刷　者：北京泽宇印刷有限公司
经　　销：全国新华书店
开　　本：185×260　　印张：10　　字数：237 千字
版　　次：2010 年 8 月第 1 版　　2013 年 1 月第 4 次印刷
书　　号：ISBN 978-7-5121-0192-0/F·683
印　　数：11 001～19 000 册　　定价：20.00 元

本书如有质量问题，请向北京交通大学出版社质监组反映。对您的意见和批评，我们表示欢迎和感谢。
投诉电话：010-51686043，51686008；传真：010-62225406；E-mail：press@ bjtu. edu. cn。

全国高职高专教育精品
规划教材丛书编委会

出　版　说　明

　　高职高专教育是我国高等教育的重要组成部分，其根本任务是培养生产、建设、管理和服务第一线需要的德、智、体、美全面发展的应用型专门人才，所培养的学生在掌握必要的基础理论和专业知识的基础上，应重点掌握从事本专业领域实际工作的基础知识和职业技能，因此与其对应的教材也必须有自己的体系和特点。

　　为了适应我国高职高专教育发展及其对教育改革和教材建设的需要，在教育部的指导下，我们在全国范围内组织并成立了"全国高职高专教育精品规划教材研究与编审委员会"（以下简称"教材研究与编审委员会"）。"教材研究与编审委员会"的成员所在单位皆为教学改革成效较大、办学实力强、办学特色鲜明的高等专科学校、成人高等学校、高等职业学校及高等院校主办的二级职业技术学院，其中一些学校是国家重点建设的示范性职业技术学院。

　　为了保证精品规划教材的出版质量，"教材研究与编审委员会"在全国范围内选聘"全国高职高专教育精品规划教材编审委员会"（以下简称"教材编审委员会"）成员和征集教材，并要求"教材编审委员会"成员和规划教材的编著者必须是从事高职高专教学第一线的优秀教师和专家。此外，"教材编审委员会"还组织各专业的专家、教授对所征集的教材进行评选，对所列选教材进行审定。

　　此次精品规划教材按照教育部制定的"高职高专教育基础课程教学基本要求"而编写。此次规划教材按照突出应用性、针对性和实践性的原则编写，并重组系列课程教材结构，力求反映高职高专课程和教学内容体系改革方向；反映当前教学的新内容，突出基础理论知识的应用和实践技能的培养；在兼顾理论和实践内容的同时，避免"全"而"深"的面面俱到，基础理论以应用为目的，以必需、够用为尺度；尽量体现新知识和新方法，以利于学生综合素质的形成和科学思维方式与创新能力的培养。

　　此外，为了使规划教材更具广泛性、科学性、先进性和代表性，我们真心希望全国从事高职高专教育的院校能够积极参加到"教材研究与编审委员会"中来，推荐有特色的、有创新的教材。同时，希望将教学实践的意见和建议，及时反馈给我们，以便对出版的教材不断修订、完善，不断提高教材质量，完善教材体系，为社会奉献更多更新的与高职高专教育配套的高质量教材。

　　此次所有精品规划教材由全国重点大学出版社——北京交通大学出版社出版。适应于各类高等专科学校、成人高等学校、高等职业学校及高等院校主办的二级技术学院使用。

全国高职高专教育精品规划教材研究与编审委员会

2010 年 8 月

总　序

历史的年轮已经跨入了公元2010年，我国高等教育的规模已经是世界之最，2009年毛入学率达到24.2%，属于高等教育大众化教育的阶段。根据教育部2006年第16号《关于全面提高高等职业教育教学质量的若干意见》等文件精神，高职高专院校要积极构建与生产劳动和社会实践相结合的学习模式，把工学结合作为高等职业教育人才培养模式改革的重要切入点，带动专业调整与建设，引导课程设置、教学内容和教学方法改革。由此，高职高专教学改革进入了一个崭新阶段。

新设高职类型的院校是一种新型的专科教育模式，高职高专院校培养的人才应当是应用型、操作型人才，是高级蓝领。新型的教育模式需要我们改变原有的教育模式和教育方法，改变没有相应的专用教材和相应的新型师资力量的现状。

为了使高职院校的办学有特色，毕业生有专长，需要建立"以就业为导向"的新型人才培养模式。为了达到这样的目标，我们提出"以就业为导向，要从教材差异化开始"的改革思路，打破高职高专院校使用教材的统一性，根据各高职高专院校专业和生源的差异性，因材施教。从高职高专教学最基本的基础课程，到各个专业的专业课程，着重编写出实用、适用高职高专不同类型人才培养的教材，同时根据院校所在地经济条件的不同和学生兴趣的差异，编写出形式活泼、授课方式灵活、引领社会需求的教材。

培养的差异性是高等教育进入大众化教育阶段的客观规律，也是高等教育发展与社会发展相适应的必然结果。也只有使在校学生接受差异性的教育，才能充分调动学生浓厚的学习兴趣，才能保证不同层次的学生掌握不同的技能专长，避免毕业生被用人单位打上"批量产品"的标签。只有高等学校的培养有差异性，其毕业生才能有特色，才会在就业市场具有竞争力，从而使高职高专的就业率大幅度提高。

北京交通大学出版社出版的这套高职高专教材，是在教育部"十一五规划教材"所倡导的"创新独特"四字方针下产生的。教材本身融入了很多较新的理念，出现了一批独具匠心的教材，其中，扬州环境资源职业技术学院的李德才教授所编写的《分层数学》，教材立意很新，独具一格，提出以生源的质量决定教授数学课程的层次和级别。还有无锡南洋职业技术学院的杨鑫教授编写的一套《经营学概论》系列教材，将管理学、经济学等不同学科知识融为一体，具有很强的实用性。

此套系列教材是由长期工作在第一线、具有丰富教学经验的老师编写的，具有很好的指导作用，达到了我们所提倡的"以就业为导向培养高职高专学生"和因材施教的目标要求。

教育部全国高等学校学生信息咨询与就业指导中心择业指导处处长
中国高等教育学会毕业生就业指导分会秘书长

曹　殊　研究员

前　言

出纳工作是单位经济工作和会计核算的前哨阵地，是控制单位每笔交易业务的第一道关口；出纳人员是各单位的管家，是处理每一笔交易业务的重要关卡。提升出纳人员的理论知识和职业素质，提高出纳工作的质量和水平，即是广大财会人员密切关注的问题，也是单位领导和社会各界普遍关心的问题。《出纳实务与实用技能》正是基于培养出纳人员的能力和水平，提高出纳工作质量和效率而进行的有益探索和积极尝试。

本书按照"基础充实、知识适度、以实为本、以能为主"的原则，紧密结合出纳岗位的工作流程，以出纳工作的实用技能为主线，对出纳工作任务进行了适度挖掘和重新整理，形成出纳工作的技能点、线、面相结合的体系："技能面"是指从事出纳工作应具备的全部的业务能力，它由技能模块构成，形成出纳岗位的总体综合技能体系；"技能线"是出纳工作4个方面的技能模块或技能层次，即基本技能、凭证处理技能、账簿处理技能和业务核算技能，它们各自由若干个个体技能组成，形成出纳岗位的技能群；"技能点"是出纳工作的个体技能，是出纳人员的基本功，是执行具体出纳业务时的操作技巧。

本书由周军、鄢烈仿共同编著。教材编写思路与体系的设计、提纲的拟定与修订、现金与银行存款业务处理技能的编写、各章内容的修改与定稿由周军完成；出纳基本技能、出纳票证处理技能、出纳账簿处理技能和出纳基本业务与技能综合实训等的编写由鄢烈仿完成。在本书的写作过程中，得到了湖北五环会计师事务所有限公司、北京交通大学出版社各位编辑、荆州职业技术学院经济管理学院及赵爱霞、黄菊先等教师的大力协作、帮助与支持。另外还参考了相关的书籍与资料，在此一并表示衷心的感谢！

本书是对出纳岗位技能的培训学习与实际运用所做的一次尝试，由于水平有限，加之时间仓促，难免会存在一些错误与不足，诚望同行专家的指正赐教，恭候各位读者的批评与建议。

编　者

2010 年 4 月 30 日

目　录

第1章　出纳基本技能

【学习目标】

通过学习，明确出纳的工作内容和工作权限；了解出纳账务处理的基本程序；掌握办理出纳业务的基本技能。

【重点内容】

(1) 出纳的概念、内容和特点。

(2) 出纳工作的业务范围。

(3) 出纳工作的流程。

(4) 出纳工作应具备的基本技能。

1.1　出纳基础知识

在商品经济社会里，各企事业单位的经济活动都是通过货币资金的收付来实现的。例如，采购材料、购买办公用品、发放薪资、报销费用等都离不开货币资金。出纳就是各企事业单位专设的负责管理和核算货币资金、控制其来源和去向的专职会计工作岗位。

1.1.1　出纳的基本认识

1. 出纳的定义

"出"是指支出、付出，"纳"是指收入。广义而言，出纳是指收入和发出的管理工作。出纳包括出纳工作和出纳人员两种含义。出纳工作是单位经济工作和会计核算的前哨阵地，是控制单位每笔交易业务的第一道关口；出纳人员是各单位的管家，是处理每一笔交易业务的重要关卡。

1) 出纳工作

出纳工作是管理货币资金、有价票据收付的一项工作。具体来说，出纳工作是按照有关规章制度办理本单位的现金收付、银行结算和相关账务，保管现金、有价证券、财务印章及有关票据等工作的总称。

2) 出纳人员

出纳人员通常简称出纳，是指按照有关制度要求，办理本单位的现金收付、银行存款结算及有关账务，并保管库存现金、有价证券、财务印章及有关票据的人员。

2. 出纳的职责

出纳以企事业单位涉及库存现金和银行存款收付经济业务的会计事项为对象。作为一项重要的会计工作，出纳也具有核算和监督两大职能。核算职能是指对凡是涉及现金和银行存款收付结算的经济业务进行会计及时处理，发挥出纳的财务管理作用。监督职能是指对单位的现金和银行存款收付业务的合法性、合规性、合理性和有效性进行监察。

出纳作为一个具体的会计岗位，又与其他会计岗位有不同的职责范围，其具体职责如下。

（1）保管好库存现金、有价证券及银行存款，使其账面记录和相应的实物保持相符。

（2）保管好空白收据、空白发票、银行汇票等有关票据。

（3）做好备用金的核算。

（4）遵守各项收支标准，在费用开支范围内办理现金收付款业务和银行存款结算业务。

（5）负责现金和银行存款日记账的登记工作，做到日清月结、数字准确、账目清楚。

1.1.2 出纳的工作组织

1. 出纳机构的设置

合理设置出纳机构是保证出纳工作顺利进行的基础。由于企事业单位的行业特点、规模大小、经济业务的繁简等实际情况各不一样，出纳机构的形式也不尽相同。各单位可以根据本单位的实际情况设置出纳机构，配备出纳人员。

出纳机构一般设置在会计机构内部，规模小的单位也可在其他部门设置一名专职或兼职的出纳人员。

2. 出纳人员的配备

出纳人员的配备主要决定于本单位出纳业务量的大小和繁简程度，要以业务需要为原则，既要满足出纳工作量的需要、符合内部牵制原则，又要避免徒具形式、人浮于事的现象。一般可采用一人一岗、一人多岗、一岗多人等几种形式。

一人一岗：规模不大的单位的出纳工作量较小，可设专职出纳一名。

一人多岗：规模较小的单位，特别是那些不具备设置出纳机构的单位，应在其他机构，如后勤部门等配备兼职出纳，但不得担任收入、费用、债权、债务账目的登记工作，以及稽核工作和会计档案保管工作。

一岗多人：规模较大的单位，出纳工作量较大，可设置多名出纳，分别负责不同的出纳工作。例如，收付出纳和管账出纳，或者现金收付出纳和银行结算出纳等。

3. 出纳人员的分工

有两名或两名以上出纳人员的单位，要在出纳部门内部实行岗位责任制，要对出纳人员的工作实行明确的分工。在分工时要从管理的要求和工作的便利等方面考虑。通常可按现金、银行存款的不同户头、有价票据的管理等工作性质上的差异进行分工；也可按出纳工作的步骤和环节进行分工。

4. 出纳人员的回避制度

回避制度是我国的一项重要的人事制度，企事业单位任用财务人员应实行回避制度。单位领导的直系亲属不得在本单位担任会计机构的负责人和会计主管人员，会计机构负责人和会计主管人员的直系亲属不得在本单位担任出纳工作。

需要回避的 3 种亲属关系包括：夫妻关系、直系血亲关系和 3 代以内旁系血亲及姻亲关系。

1.1.3 出纳与会计的关系

会计从其所分管的账簿来看，可分为总账会计、明细账会计和出纳。三者既有区别又有联系，是分工与协作的关系。

1. 相对独立有分工

总账会计、明细账会计和出纳都是通过会计账簿资料为单位提供经济信息，但账簿资料和信息内容有所不同。总账会计负责企事业单位经济业务的总括核算，为经济管理和决策提供总括的、全面的核算资料；明细分类账会计分管明细账，为经济管理和决策提供明细分类核算资料；出纳分管票据、货币资金及有价证券等的收付、保管、核算工作，为经济管理和决策提供各种金融信息。

2. 相互依赖并牵制

出纳、明细账会计、总账会计之间有很强的依赖性，其核算的依据大体相同，都是原始凭证和记账凭证。这些作为记账依据的会计凭证必须在出纳、明细账会计、总账会计之间按照一定的顺序传递，相互利用对方的核算资料，共同完成会计任务，不可或缺。

同时，出纳、明细账会计、总账会计之间又相互牵制。出纳的现金和银行存款日记账与总账会计的现金和银行存款总分类账，总分类账与其所属明细分类账，明细分类账中的有价票证与出纳账中相应的有价票证账有金额上的等量关系。

这样，出纳、明细账会计、总账会计三者之间就构成了相互牵制与控制的关系，三者之间必须相互核对、保持一致。

3. 相互联系有区别

首先，出纳核算与会计明细核算的区别是相对的。出纳核算也是一种特殊的明细核算，要求分别按现金和银行存款设置日记账，银行存款还应按照存款的银行和账号设置日记账，逐笔序时地进行明细核算。"现金日记账"应每天结出余额，并与库存现金核对；"银行存款日记账"也应在月内多次结出余额，月底应与银行对账单进行逐一核对，编制银行存款余额调节表。

其次，出纳工作是一种账实兼管工作。出纳工作主要是现金收付、银行存款结算及有关账务，并保管库存现金、有价票证、财务印章及有关票据。出纳既要保管货币资金，又要进行货币资金的核算。对出纳的这种分工并不违背财务的"钱账分管"制度。

1.1.4 出纳工作的任务

出纳是会计工作的重要环节，涉及现金的收付、银行存款结算等活动，直接关系到职工、单位、国家的财产完整与安全，工作出现差错，就会造成不可挽回的损失。因此，明确出纳人员的职责和权限，是做好出纳工作的基础。出纳的任务包括以下几个方面。

1. 做好现金收付的管理与核算

严格按照国家现金管理制度的要求，根据审核无误的收付款凭证，进行复核和办理款项的收付。对重大的开支项目，须经单位相关领导审批签字，否则，不得随意收支现金。收付款后，出纳人员必须在收付款凭证上签字盖章并在原始凭证上加盖"现金收讫"和"现金付讫"戳记，避免原始凭证被再次使用。

2. 办理银行结算，规范使用支票

严格按照《支票结算办法》的规定，办理银行结算业务。严格控制签发空白支票。不得将银行账户出租、出借给任何单位或个人使用。

3. 设置并登记日记账，保证日清月结

各单位应设置现金日记账和银行存款日记账，根据已经办理的收付款凭证，逐笔序时登记，并结出余额。现金日记账余额要每日和库存现金核对，月份终了，现金日记账余额应和现金总账余额核对相符。每月终了应将银行日记账的记录和银行对账单记录进行逐一核对，对未达账项应编制银行余额调节表，及时调整。对那些长期未达账项应追查原因，防止使用未达账贪污或挪用公款。

4. 保管现金、有价证券、财务印章

库存现金不得超过核定的库存限额，超出部分必须及时送存银行，不得白条抵库，不得挪用现金。出纳应妥善保管有价证券、印章、空白发票、收据。空白发票、收据应建立严格的购买、领用、注销制度和手续。对保险柜密码、账户密码等要严格保密。

5. 检查监督执行国家的财经纪律

出纳在办理各项业务的过程中，要严格执行国家的财经法规，对违反规定的各项业务应拒绝办理，同一切违反规定的行为作斗争，确保出纳工作按照合法、合理、合规的轨道正常进行。

1.2　出纳的工作技能

1.2.1　出纳的基本素质

出纳人员是会计人员的重要组成部分，做好出纳工作并不是一件容易的事，它要求出纳人员不仅要具备从事出纳工作的相应资格，还要有全面精通的政策水平、熟练高超的业务技能、严谨细致的工作作风。

1. 取得从业的资格证书——会计证

《会计工作岗位规范》第十条规定："各单位应当根据会计业务需要配备持有会计证的会计人员。未取得会计证的人员，不得从事会计工作。"持证上岗既是用人单位的要求，也是对用人单位利益的保证。同时，对已经持证的人员，这项规定也是保证工作的权利。

2. 具备出纳必要的专业知识和业务技能

《会计工作岗位规范》第十四条规定："会计人员应当具备必要的专业知识和专业技能，熟悉国家有关法律、法规、规章和国家统一会计制度，遵守职业道德。"作为出纳人员应当熟悉会计基本知识，点钞票、打算盘、使用计算机、开票据，苦练汉字、阿拉伯数字和日期等书写技能，掌握快速、准确地清点钞票和票据准确使用的技能。

3. 具有一定的政策水平和职业素养

做好出纳工作，要有一定的职业素养，包括政策理论水平、工作作风、职业习惯、安全意识和道德修养等。

1.2.2 出纳的工作方法

出纳方法是指用来反映和监督出纳的对象，保证完成出纳任务的手段，是对各单位的现金、银行存款等货币资金进行连续、系统、全面、综合的记录和计算，为其他会计核算提供准确可靠的货币资金信息资料的一种会计方法。出纳方法包括以下几种。

1. 设置账户

设置账户是指对出纳对象的具体内容进行分类反映的一项专门方法。因此，对各项货币资金和有价证券的增加和减少，都按规定设置账户，进行分类核算，以便取得各种不同性质的核算指标。出纳常设的账户主要有以下几种。

（1）现金——人民币。

（2）银行存款——结算户存款、外币存款、专用存款。

2. 复式记账

复式记账是指对每项经济业务在两个或两个以上相关联的账户中登记的一种记账方法。采用这种记账方法，使每项经济业务所涉及的两个以上的账户发生对应关系，同时，在对应账户中所记金额相等，即保持平衡关系。通过账户的平衡关系，可以了解有关经济业务的内容；可以检查有关经济业务的记录是否正确。

3. 填制和审核凭证

出纳凭证是记录经济业务、明确经济责任的书面文件，是登记账簿的依据。对已发生或已完成的经济业务，都应由经办人员或有关单位填制凭证，并签名盖章。出纳在办理货币资金的收付过程中必须如实填制原始凭证。对各种涉及货币资金收付的原始凭证的审核，保证收付凭证和附件真实相符。

如实填制和严格审核凭证，可以及时发现企事业单位货币收支业务的问题，并加以改正；能保证账簿记录的可靠性和真实性；能保证单位的货币资金的安全，减少损失，加强核算。

4. 登记出纳账簿

账簿是用于全面、连续、系统地记录经济业务的簿籍，是保存出纳数据的重要工具。出纳账簿在登记时必须按照经济业务发生的先后顺序进行分类、序时登记。设置必要的账簿，并按照一定的记账方法和程序进行登记，同时定期进行对账和结账，保证提供正确的核算资料，是出纳工作的一项重要内容。

5. 货币和财产清查

货币清查是指通过实地盘点库存现金和核对银行存款账目，保证货币资金账实相符、账账相符的一种专门方法。

对现金的清查，应定期和不定期采取实地盘点法进行，主要清查有无挪用公款、有无假造用途、有无套取现金等现象。通过清查，发现问题、分析原因、加强管理，保证现金安全无损。

对银行存款的清查，主要采用将银行日记账和银行提供的银行对账单进行逐一核对，确定未达账项，以保证银行存款记录真实可靠。

6. 编制出纳收支报告

出纳报告是指根据现金日记账和银行存款日记账、有价证券明细账等资料，定期编制的书面文件，报告本单位一定时期现金、银行存款、有价证券的收支情况的报表。

7. 保管出纳文件，按规定办理移交

出纳工作中的各种核算资料，都必须按照规定办理移交和保管手续。出纳的日记账在年度内由出纳保管，年度终了后，移交会计人员保管。

1.2.3　出纳的业务范围

1. 出纳日常业务

出纳的日常工作主要包括货币资金核算、往来结算、工资核算等3个方面的内容。

货币资金核算包括办理现金收付；办理银行结算，规范使用支票；登记日记账，保证日清月结；保管库存现金和有价证券；复核收入凭证，办理销售核算；保管有关印章。

往来结算包括建立往来款项的结算业务，建立清算制度，核算其他往来款项，防止坏账损失。

工资核算包括执行工资计划，监督工资使用，核算工资单据，发放工资奖金。

2. 出纳具体工作

1）现金收付的核算与管理

严格按照国家有关现金管理制度的规定，根据稽核人员审核、签章的收付款凭证，进行复核，办理款项的收付手续。收付款后，应在收付款原始凭证上签章，并加盖"现金收讫"、"现金付讫"的戳记。对于付款业务，必须由财务负责人、单位领导签字后方可办理。

2）银行存款的收付核算和管理

办理银行结算，规范使用支票。不得签发空白支票；不得开出空头支票；作废的支票必须加盖"作废"字样，与存根一同保存；支票遗失应及时办理挂失手续；不得将银行账户出租、出借使用；按月与银行对账。

3）设置并登记出纳日记账

各单位的出纳工作应设置现金日记账和银行存款日记账，按照现金、银行存款收入和支出的相关凭证，按照会计的记账规则，逐笔序时登记现金日记账和银行存款日记账。现金日记账应每日结出余额，并与实际库存现金核对，银行存款也应每日计算余额，经常与银行核对，发现并分析未达账项。

4）复核收付款凭证，办理购、销业务结算

认真审查购销业务的有关凭证，严格按照购销合同和银行结算制度办理购销货款的结算，催收和支付货款。发生购销纠纷，货款拒付时要及时通知业务部门。

5）办理往来结算，建立清算制度

单位与内部职工其他应收应付款项的结算；低于银行结算起点的小额货款结算；实行备用金制度的企业，要核定备用金定额，及时办理领用报销手续；对预借的差旅费要及时督促办理报账手续，收回余额。

6）办理工资的结算

根据本单位的职工人数、工资等级、工资标准审核工资的计算，办理代扣款项的计算、核算，发放职工工资。职工工资发放完毕，将工资表装订成册或附在记账凭证后面。

7）其他工作

（1）印章和印鉴的保管。支票印鉴一般应由会计主管人员或指定专业人员保管，支票和印鉴必须由两人分别保管。负责保管的人员不得将印章随意存放或带出工作单位。各种印

章应与现金的保管相同，不得随意放入抽屉内保管，这样极易使违法、违纪人员有机可乘，给国家和单位造成不必要的经济损失。

出纳人员离任时，接交人员应尽早做好接替准备。特别是做好存款印鉴的更换准备，银行存款和有关票据、票证的移交及更换印鉴时，接交人员应首先进行存款日记账与银行存款对账单的核对，交接双方有疑问要一同到开户银行复核，核对无误后，再移交票据、票证，同时更换预留在银行的私人印鉴。

为使开户单位随时可以与开户银行办理支付项业务，或者使用支票办理付款及单位之间债权债务关系的结算，在银行存款的额度内，开户单位均可向开户银行领购支票，企业一般保留一定数量的空白支票以备使用。

（2）支票的保管。支票是一种支付凭证，一旦填写了有关内容，并加盖留存在银行的印鉴后，即可成为直接从银行提取现金和其他单位进行结算的凭据。所以，必须加强对支票的管理，同时要采取必要措施妥善保管，以避免发生非法使用或盗用、遗失等情况，给国家和单位造成损失。

1.2.4　出纳的工作流程

出纳人员每天处理大量的经济业务，协调各方面的经济利益关系，整天与钱打交道，工作频繁琐碎，容易出差错。为了提高工作效益，保证工作质量，需要制定一个合理有效的工作流程，使出纳工作有条不紊地进行，满足财务管理的需要。

出纳工作流程是指出纳人员在办理收付款业务时规定的业务处理程序。

1. 资金收入的处理

（1）清楚收入的来源和金额。出纳人员在收到一笔资金前，应当清楚知道收到多少钱，收谁的钱，为什么收钱，再按不同的情况进行处理。

确定收款金额：若为收入现金，应考虑库存现金的限额。

明确付款人：出纳人员应明确付款人的全称和其他有关情况，对于收到的背书支票或其他代付款的情况，应由经办人加以注明。

收到货币资金的原因：出纳人员应当根据有关销售合同确定收款额是当期实现收入还是收回以前的欠款，分别进行处理，保证账证相符。

代收款项：职工水电费、保险费、房租等代收款项应及时核算，并及时交付。

（2）清点收入。出纳人员在清楚收入的金额和来源后，进行清点核对，清点时应沉着冷静，不要图快。

在清点收入的现金时，应当面清点，在清点过程中出纳人员发现现金短缺、假钞等特殊问题，应交由经办人负责。

在收到收入存入银行时，出纳人员应与银行核对，填制进账单，交由银行盖章后（或取得收款通知），确认收入实现，进行账务处理。电话通知或电话查询只能作为参考，不能作为收款的依据。

（3）收入的退回。因特殊原因导致收入退回的，如支票印鉴不清、单位账号错误等，出纳人员应及时通知经办人员或对方，重新办理收款业务。

2. 资金支出的处理

（1）明确资金支出的金额和原因。出纳人员支出每一笔资金的时候，一定要知道准确的金额，合理安排资金。

明确收款人：出纳人员必须严格按照合同发票或有关依据记载的收款人进行付款，对代收款的应出具原收款人的证明材料，并与原收款人核实后，方可办理付款手续。

明确付款的用途：对于不合法、不合理的付款应坚决抵制，并及时汇报。用途不明的应拒绝办理。

（2）检查付款审批手续。经办人员填制付款单证，注明用途，在单据上签名盖章，并对付款事项的真实性和准确性负责。

出纳人员在付款时还应检查付款的审批手续是否齐全。不同单位，审批手续不一定相同，但都应有财务负责人、单位负责人的签字盖章。

（3）办理付款。出纳人员在严格检查付款金额、用途和付款手续后方可付款。

对于那些不够银行结算起点的小额款项、对个人支付款项，在支付现金后必须在凭证上加盖"现金付讫"的戳记。

超过结算起点的款项，必须通过银行结算，不得使用现金支付。

1.3　出纳的基本业务技能

出纳工作是一项技术性工作，需要有很强的操作技巧。数字的计算技术、数码字的书写、钞票的清点与分辨，出纳机具的使用等都是出纳工作的基本技能，是出纳人员要练好的基本功。

1.3.1　珠算的计算技术

出纳工作每天都要处理大量的货币资金收付业务，自始至终离不开计算。随着现代化计算技术的发展，计算器/计算机等新式工具的运用，提高了计算的速度和准确性，但出纳日常的业务处理却不能离开珠算这一传统的计算工具。因此，出纳人员必须熟练掌握和运用计算器、算盘等计算工具，提高计算能力。

1. 珠算技术基础

1）算盘的结构

算盘的发明历史悠久，在长期的社会实践中，我国劳动人民创造出各种精美的算盘。各种算盘尽管在大小形状上有些区别，但其基本结构不外乎由框、梁、档、珠四大部分组成。

现在人们普遍使用的是经过改进后的算盘，其增加了清盘器、计位点、垫脚等装置。

2）珠算的特点

在学习珠算计算方法之前，必须了解珠算计算不同于其他计算方法，有其自身特殊性。只有认识这些特性，才能充分利用算盘这一传统的计算工具。珠算的特点可以概括为以下几个方面。

（1）算盘以算珠靠梁表示记数。每颗上珠当五，每颗下珠当一，以空档表示零，以档表示数位。高位在左，低位在右。

（2）置数前算盘上不能有任何算珠靠梁。置数时，应先定位，由高位到低位（从左向右）将预定数字按位逐档拨珠靠梁。

（3）珠算在进行加减运算时极为方便。珠算加减从左向右进行，与实际工作中读数顺序一致。可以边看边打，在被加数（被减数）上连加（连减）几个数，其结果立即从盘面显示出来。

（4）在熟练掌握珠算加减运算方法的基础上，乘除运算在盘上就变成了用大九九口诀的加减运算，不像笔算那样繁杂。

（5）珠算计算采用"五升十进制"。

用算盘计算时，采用的是五升十进制。由于一颗上珠当五，当下珠满五时，需用同档的一颗上珠来代替，称为五升。当一档数满十向左档进一，称为十进。"五升十进制"是珠算运算中的一个规则，也是算盘赖以生存和发展的一个基础。

3）珠算拨珠指法

用算盘进行数字计算，主要靠手指拨珠来完成。拨珠方法正确与否，直接影响运算效率和准确度，珠算计算技术通常采用三指拨珠的方法。三指拨珠是指右手的无名指、小指向掌心自然弯曲，拇指、食指、中指伸出，垂直于算盘进行拨珠。拇指：专拨下珠靠梁；食指：专拨下珠离梁；中指：专拨上珠靠梁与离梁。

拨珠指法可分为单指独拨、两指联拨和三指联拨。

（1）单指独拨：按照手指分工一个手指一拨的指法称为单指独拨。

（2）两指联拨：利用拇指与中指、拇指与食指、食指与中指相互配合来进行拨珠的方法称为两指联拨。两指联拨可以提高拨珠量，加快运算速度。两指联拨的基本指法有以下几种。

第一，双合（拨入6、7、8、9时）：拇指、中指在同一档拨珠靠梁；双分（拨去6、7、8、9时）：食指、中指在同一档同时拨珠离梁。

第二，斜合（拨入15、25、35、45时）：拇指、中指在同一档或前后档同时靠梁拨珠；斜分（拨去15、25、35、45时）：食指、中指在同一档或前后档同时离梁拨珠。

第三，斜上（如拨5+5、25+5、16+15等）：拇指、中指在前后档同时向上拨珠。斜下（如拨10−5、20−5等）：中指、食指在前后档同时向下拨珠。

第四，扭进（如拨6+9、8+8、4+7等）：拇指在前一档向上运动的同时，食指在后一档向下拨珠；扭退（如拨10−8、20−16、85−26等）：食指在前一档向下运动的同时，拇指在后一档向上拨珠。

（3）三指联拨：拇指、食指、中指3个手指同时拨动算珠的指法称为三指联拨。

第一，三指进（如拨6+4、7+3、9+1等）：食指、中指在本档拨上、下珠离梁时，拇指在前一档拨下珠靠梁。

第二，三指退（如拨10−2、10−3、10−4等）：食指在前档拨下珠离梁时，拇指、中指同时拨上下珠靠梁。

初学拨珠时，要严格注意手指分工，避免一些错误的拨珠指法，做到拨珠方法规范、自然，可通过练习"指法操"达到以上要求。

4）看数的方法

珠算运算首先遇到的是看数。看数快与准直接影响以后计算的速度和准确率。看数一般从位数较少的开始，循序渐进。最好一开始就养成一眼一笔数的好习惯，如果不能这样，也可以分节看数，看数时万、千、百、个等位数和元、角、分等单位可不记，如487 683.25可一次看完记住，也可以分为487−683.25，还可以分为487−683−25看，分节次数越少越有利于运算速度的提高。看数的同时，右手立即拨珠，快要拨完一节，随即看下一节数，要上下环节连接起来，做到边看边打，否则中间就会出现拨珠停顿，从而影响计算速度。数的位数与盘面上计位点应对照起来，位数才能准确无误。熟练以后要做到眼睛能兼顾到计算资料和算盘，使计算动作环环相扣。

若已具有一定计算水平，可以根据自身情况在简单看数的基础上练习并行看数，做到眼到数出，随即拨入算盘中。看数是珠算计算最关键的第一步，无论是初学者，还是有一定技术水平的选手都必须重视，只有看数水平提高了，才能提高计算水平。

2. 珠算计算方法

1）基本加法

（1）直加法。

指法：当拨入被加数时，能直接拨珠靠梁即可完成的计算。

运算规则：减看内珠，够减直减。

（2）凑数加法。

凑数：两数之和为5，则这两个数互为凑数。

指法：当被加数小于5，又分别要加上少于5的各数时，必须加5再减去多加的数才可完成的计算。

运算法则：下珠不够，加5减凑。

（3）补数加法。

补数：两数之和为10，则这两个数互为补数。

指法：在同一档两数相加的和大于或等于10，必须向左进位才可完成的计算。

运算法则：本档满10，减补进1。

（4）凑补加法。

指法：本档已有上珠靠梁，要加上6、7、8、9各数，减补进1（但下珠不够，先加凑去5，再向前档进1才可完成的计算）。

运算法则：减补进1不行，加凑减5再向前档进1。

2）基本减法

（1）直减法。

指法：当拨去被减数时，能直接拨珠离梁即可完成的计算。

运算规则：减看内珠，够减直减。

（2）凑数减法。

指法：本档5已靠梁，在减去小于5的各数时，下珠不够直减，必须先减去5，再加上多减的数才可完成的计算。

运算法则：下珠不够，加凑减5。

（3）补数减法。

指法：在本档被减数小于减数不够减时，必须向前档借1作为本档的10来减，同时在本档加还多减的数即可完成的计算。

运算法则：本档不够减，退10加补。

（4）凑补减法。

指法：本档只有下珠靠梁，要减去6、7、8、9各数（退1加补，下珠不够），先加上

5，再减去补数的凑数才可完成的计算。

运算法则：退1加补不够，加5减补数的凑数。

3）珠算基本加减的简捷算法

简捷加减法是以基本加减法为基础，采用合理的运算方式，简化运算过程，减少拨珠次数，以提高运算速度和准确率的计算方法。（只介绍比较容易掌握的并行加减法中的一目三行法和倒减法）

（1）一目三行直接加减法：在竖式加减法运算中，用心算求出三行相同位数上的代数和，然后拨入对应档位的运算方法。

（2）一目三行正负抵消法：在竖式加减混合运算中，用心算求出三行相同位数上的代数和（正数、负数之间相抵消），然后拨入对应档位的运算方法。

（3）倒减法：在加减法和加减混合运算中，往往会遇到减数大于被减数的情况，为了不改变运算顺序，可以利用虚借1的方法，加大被减数再继续运算，以便求出结果。

这种方法被称为倒减法。在倒减法的运算中有以下两种情况。

① 有借有还。注意要记住虚借的档位，随借随还。法则：有借有还得数实，照抄得数为正值。② 有借无还。法则：有借无还得数虚，抄下外珠为负值。

3. 珠算加减计算口诀

珠算加减法口诀如表1-1、表1-2所示。

表1-1　珠算加减法口诀表（一）

直接加减		补五的加与破五的减		进十的加与退十的减	
直接加	直接减	补五的加	破五的减	进十的加	退十的减
一上一	一去一	一下五去四	一上四去五	一去九进一	一退一还九
二上二	二去二	二下五去三	二上三去五	二去八进一	二退一还八
三上三	三去三	三下五去二	三上二去五	三去七进一	三退一还七
四上四	四去四	四下五去一	四上一去五	四去六进一	四退一还六
五上五	五去五			五去五进一	五退一还五
六上六	六去六			六去四进一	六退一还四
七上七	七去七			七去三进一	七退一还三
八上八	八去八			八去二进一	八退一还二
九上九	九去九			九去一进一	九退一还一

表1-2　珠算加减法口诀表（二）

破五进十的加与退十补五的减			
破五进十的加	退十补五的减	八上三去五进一	八退一还五去三
六上一去五进一	六退一还五去一	九上四去五进一	九退一还五去四
七上二去五进一	七退一还五去二		

1.3.2 财会数字的书写技能

1. 数字的书写

1）阿拉伯数字

会计工作离不开数字，写好数字是会计人员的基础技能。阿拉伯数字的标准写法如图1－1所示。

图1－1 阿拉伯数字的标准写法

阿拉伯数字的书写要求：应采用标准手写体，从高位到低位，从左到右，独立不潦草，不连笔，做到书写正确、规范、清晰、整洁、美观。

（1）字体要自右上方向左下方倾斜地写（数字与底线通常成60°的倾斜）。

（2）数字要贴紧底线，但上不顶格。一般占分位格的1/2或2/3。

（3）同行的相邻数字之间要空出半个阿拉伯数字的位置，但也不可预留间隔（以不能增加数字为好）。

（4）除"4"、"5"以外数字，必须一笔写成，不能人为地增加数字的笔画。

（5）"6"字要比一般数字向右上方长出1/4，"7"和"9"字要向左下方（过底线）长出1/4。

（6）对于易混淆且笔顺相近的数字，在书写时，尽可能地按标准字体书写，区分笔顺，避免混同，以防涂改。例如，"1"不可写得过短，要保持倾斜度，将格子占满，这样可防止改写为"4"、"6"、"7"、"9"；书写"6"时要顶满格子，下圆要明显，以防止改写为"8"；"7"、"9"两字的落笔可延伸到底线下面；"6"、"8"、"9"、"0"的圆必须封口。

2）汉字大写数字

汉字大写数字通常用于发票、支票、存单、汇票等重要凭证的书写。汉字大写数字要以正楷或行书字体书写，不得连笔写，不允许使用未经国务院公布的简化字或谐音字。大写数字一律用"壹、贰、叁、肆、伍、陆、柒、捌、玖、拾、佰、仟、万、亿、元、角、分、零、整"等。不得任意自造简化字，不能用"毛"代替"角"、"另"代替"零"。

2. 金额的书写

1）小写金额的规范书写

（1）没有位数分割线的凭证、账、表上的标准写法。

① 阿拉伯金额数字前面应当书写货币币种符号或货币名称简写，币种符号和阿拉伯数字之间不得留有空白。凡阿拉伯数字前写出币种符号的，数字后面不再写货币单位。

② 以元为单位的阿拉伯数字，除表示单价等情况外，一律写到角分；没有角分的角位和分位可写出"00"或"－"；有角无分的，分位应当写出"0"，不得用"－"代替。

③ 只有分位金额的，在元和角位上各写一个"0"字并在元与角之间点一个小数点，如

"0.06"。

④ 元以上每3位要空出半个阿拉伯数字的位置书写，如5 647 108.92。也可以3位一节用"分位号"分开，如6，647，108.92。

（2）有数位分割线的凭证、账、表上的标准写法。

① 对应固定的位数填写，不得错位。

② 只有分位金额的，在元和角位上均不得写"0"字。

③ 只有角位或角分位金额的，在元位上不写"0"字。

④ 分位是"0"的，在分位上写"0"，角分位都是"0"的，在角分位上各写一个"0"字。

2）大写金额的规范书写

（1）大写金额要紧靠"人民币"3个字书写，不得留有空白，如果大写数字前没有印好"人民币"字样的，应加填"人民币"3个字。

（2）大写常将数字到"元"或"角"，在"元"或"角"后写"整"字；大写金额有"分"的，"分"后面不写"整"字。例如，12 000.00应写为：人民币壹万贰仟元整；又如，48 651.80可写为：人民币肆万捌仟陆佰伍拾壹元捌角整；而486.56应写为：人民币肆佰捌拾陆元伍角陆分。

（3）分位是"0"可不写"零分"字样，如4.60应写为人民币肆元陆角整。

（4）阿拉伯金额数字中间有"0"的，汉字大写金额要写"零"字。例如，1 409.50应写为：人民币壹仟肆佰零玖元伍角整。

（5）阿拉伯金额数字元位是"0"的，或者数字中间连续有几个"0"，元位也是"0"，但角位不是"0"时，汉字大写金额可以只写一个零字，也可以不写"零"字。例如，1 680.32的汉字大写金额应为：人民币壹仟陆佰捌拾元零叁角贰分，或者写为：人民币壹仟陆佰捌拾元叁角贰分。又如，97 000.53的汉字大写金额应为：人民币玖万柒仟元伍角叁分。

（6）阿拉伯金额数字角位是"0"，而分位不是"0"时，汉字大写金额"元"后面应写"零"字。例如，6 409.02的汉字大写金额应为：人民币陆仟肆佰零玖元零贰分。又如，325.04的汉字大写金额应为：人民币叁佰贰拾伍元零肆分。

（7）阿拉伯金额数字最高位是"1"的，汉字大写金额加写"壹"字，如15.80，汉字大写金额应为：人民币壹拾伍元捌角整。又如，135 800.00的汉字大写金额应为：人民币壹拾叁万伍仟捌佰元整。

（8）在印有大写金额万、仟、佰、拾、元、角、分位置的凭证上书写大写金额时，金额前面如有空位，可划"⊗"注销，阿拉伯数字中间有几个"0"（含分位），汉字大写金额就可以写几个零。例如，10 100.50的汉字大写金额应为：人民币零万零仟壹佰零拾零元伍角零分。

3. 日期的书写

由于银行票据存在有效期，银行票据的出票日期必须使用中文大写，如支票、银行本票、银行汇票、商业汇票等。在填写月、日时，月份为壹、贰和壹拾的，日为壹至玖，以及壹拾、贰拾和叁拾的，应在其前加"零"；日为拾壹至拾玖的，应在其前面加"壹"。

例如，2月12日应写成零贰月壹拾贰日；10月20日应写成零壹拾月零贰拾日。票据出票日期使用小写填写的，银行不予受理。大写日期未按要求规范填写的，银行可予受理；但由此造成损失的，由出票人自行承担。

1.3.3 手工点钞技能

1. 点钞的一般程序

出纳人员在办理现金收付业务时,一般应按下列程序办理:审查现金收、付凭证及其所附的原始凭证,检查应填项目是否填写齐全、清楚,两者内容是否一致;依据现金收、付凭证的金额,先点大额票面金额数,再点小额票面金额数;在点数过程中,一般应边点数,边在算盘或计算器上加计金额,点数完毕,算盘或计算器上的数字,应与应点数额及现金收、付凭证上的金额相一致。

需要注意的是,在点数过程中,对于成捆、成把现钞上原有的封签、封条和封纸,应暂时保存,点数无误后方可扔掉;在点数无误后,办理具体的现金收、付业务。

2. 点钞的基本方法

点钞包括整点纸币和清点硬币。点钞方法可以划分为手工点钞和机器点钞两大类。对于手工点钞,根据持票姿势不同,又可划分为手按式点钞法和手持式点钞法。手按式点钞法是将钞票放在台面上操作;手持式点钞法是在手按式点钞法的基础上发展而来的,其速度远比手按式点钞法快。因此,手持式点钞法在全国各地应用比较普遍。

手持式点钞法是将钞券拿在手上进行清点的点钞方法。手持式点钞法一般有手持式单指单张点钞、手持式一指多张点钞、手持式四指拨动点钞和手持式五指拨动点钞等多种方法。

1) 手持式单指单张点钞法

手持式单指单张点钞是一种适用面较广的点钞方法,可用于收款、付款和整点各种新旧大小钞券。这种点钞方法的优点是持票人持票所占的票面较小,视线可及票的四分之三,容易发现假票,挑剔残破币也较方便。手持式单指单张点钞法的具体操作如下。

(1) 拆把持钞。拆把的方法有以下 3 种。

① 持把时左手拇指在钞券正面的左端,约在票面的四分之一处,食指和中指在钞券背面与拇指一起捏住钞券,无名指和小指自然弯曲;捏起钞券后,无名指和小指伸向票前压住钞券的左下方,中指弯曲稍用力,与无名指和小指夹住钞券;食指伸直,拇指向上移动按住钞券的侧面将钞券压成瓦形,并使左手手心向下,然后用右手脱去钞券上的腰条。同时,左手将钞券往桌面上轻轻擦,拇指借用桌面的擦力将钞券向上翻成微形票面。右手的拇指、食指、中指沾水作好点钞准备。这种拆把方法不撕断纸条,便于保留原纸条查看图章。这种拆把方法通常用于初点现金。

② 钞券横执,正面朝着身体,用左手的中指和无名指夹住票面的左上角,拇指按住钞券上边沿处,食指伸直,中指稍用力,把钞券放在桌面上,并使左端翘起成瓦形,然后用左手食指向前伸勾断腰条纸并抬起食指使腰条自然落在桌面上,左手大拇指翻起钞票,同时用力向外推使钞券成微形扇面,右手拇指、食指、中指沾水作好点钞准备。这种方法的特点是左右手可同时操作,拆把速度快,但腰条纸勾断后不能再使用。这种拆把方法通常用于复点现金。

③ 钞券横执,钞券的反面朝着身体,用左手中指和无名指夹住钞券的左端中间,食指和中指在前面,中指弯曲,食指伸直;无名指和小指放在钞券后面并自然弯曲。左手拇指在钞票下边沿后侧约占票面的三分之一处用力将钞券向上翻起呈瓦形,使钞券正面朝向身体,并用拇指捏挂钞票里侧边缘向外推,食指协助拇指,使钞票打开呈微扇形状。拆把的方法与上面介绍的两种方法相同。

（2）清点。拆把后，左手持钞稍斜，正面对胸前，右手捻钞。捻钞从右上角开始，用右手拇指尖向下捻动钞票的右上角，拇指不要抬得太高，动作的幅度也不宜太大，以免影响速度；食指在钞票背面托住少量钞票配合拇指工作，随着钞票的捻出要向前移动，以及时托住另一部分钞票；无名指将捻下来的钞票往怀里方向弹，每捻下一张弹一次，要注意轻点快弹；中指翘起不要触及票面，以免妨碍无名指动作，在清点中拇指上的水用完可向中指蘸一下便可点完100张。同时，左手一指也要配合动作，当右手将钞券下捻时，一指要随即向后移动，并用指尖向外推动钞券，以利捻钞时下钞均匀。在这一环节中，要注意右手拇指捻钞时，主要负责将钞券捻开，下钞主要靠无名指弹拨。

（3）挑残破券。在清点过程中，如发现残破券应按剔旧标准将其挑出。为了不影响点钞速度，点钞时不要急于抽出残破券，只要用右手中指、无名指夹住残破券将其折向外边，待点完100张后再将残破券抽出补上完整券。

（4）记数。在清点钞券的同时要记数。由于单指单张每次只捻一张钞券，记数也必须一张一张记，直至记到100张。从"1"到"100"的数中，绝大多数是两位数，记数速度往往跟不上捻钞速度，所以必须巧记。通常可采用分组计数法。分组记数法有以下两种方法。一种是1、2、3、4、5、6、7、8、9、1；1、2、3、4、5、6、7、8、9、2；…；1、2、3、4、5、6、7、8、9、10。这样正好100张。这种方法是将100个数编成10个组，每个组都由10个一位数组成，前面9个数都表示张数，最后一个数既表示这一组的第10张，又表示这个组的组序号码，即第几组。这样在点数时记数的频率和捻钞的速度能基本吻合。另一种方法是0、2、3、4、5、6、7、8、9、10；1、2、3、4、5、6、7、8、9、10；…；9、2、3、4、5、6、7、8、9、10。这种记数方法的原则与前种相同，不同的是把组的号码放在每组数的前面。这两种记数方法既简捷迅速又省力好记，有利于准确记数。记数时要注意不要用嘴念出声来，要用心记。做到心、眼、手三者密切配合。手持式单指单张点钞演示图如图1-2所示。

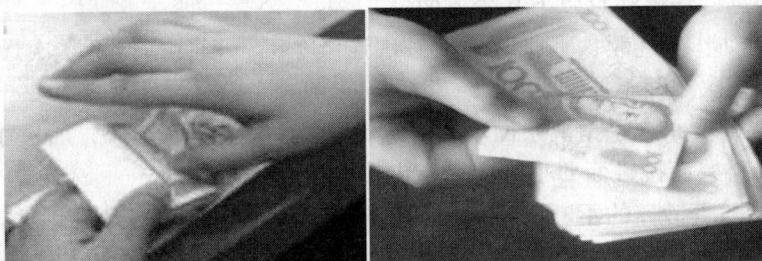

(a)　　　　　　　　　　　(b)

图1-2　手持式单指单张点钞演示图

2）手持式一指多张点钞法

手持式一指多张点钞是在手持式单指单张的基础上发展起来的，适用于收款、付款和整点工作，各种钞券的清点都能使用这种点钞方法。其优点是点钞效率高，记数简单省力。但是由于一指一次捻下几张钞券，除第一张外，后面几张看到的票面较少，不易发现残破券和假币。

这种点钞法的操作方法除了清点和记数外，其他均与手持式单指单张点钞法相同。

（1）清点。清点时右手拇指肚放在钞券的右上角，拇指尖略超过票面。如点双张，先用拇指肚捻下第1张，拇指尖捻下第2张；如点3张及3张以上时，同样先用拇指肚捻下第1张，然后依次捻下后面一张，用拇指尖捻下最后一张，要注意拇指均衡用力，捻的幅度也不要太大，食指、中指在钞券后面配合拇指捻动，无名指向怀里弹。为增大审视面，并保证左手切数准确，点数时眼睛要从左侧向右看，这样容易看清张数和残破券、假币。

（2）记数。由于一次捻下多张，应采用分组记数法，以每次点的张数为组。例如，点3张，即以3张为组记数，每捻3张记一个数，33组余1张就是100张。又如，点5张，即以5张为组记数，每捻5张记一个数，20组就是100张，以此类推。

3）手持式四指拨动点钞法

手持式四指拨动点钞也称四指四张点钞法或手持式四指扒点法，适用于收款、付款和整点工作，是一种适用广泛，比较适合柜面收付款业务的点钞方法。其优点是速度快、效率高。由于每指点一张，票面可视幅度较大，看得较为清楚，有利于识别假币和挑剔损伤券。

（1）持钞。钞券横立，左手持钞。持钞时，手心朝胸前，手指向下，中指在票前，食指、无名指、小指在后，将钞券夹紧；以中指为轴心五指自然弯曲，中指第二关节顶住钞券，向外用力，小指、无名指、食指、拇指同时向手心方向用力，将钞券压成"U"形，"U"口朝里。这里要注意，食指和拇指要从右上侧将钞券往里下方轻压，打开微扇；手腕向里转动90度，使钞券的凹面向左但略朝里，凸面朝外向右；中指和无名指夹住钞券，食指移到钞券外侧面，用指尖管住钞券，以防下滑，大拇指轻轻按住钞券外上侧，既要防钞券下滑又要配合右手清点。最后，左手将钞券移至胸前约20公分的位置，右手五指同时沾水，作好清点准备。

（2）清点。两只手摆放要自然，一般左手持钞略低，右手手腕抬起高于左手。清点时，右手拇指轻轻托住内上角里侧的少量钞券；其余四指自然并拢，弯曲成弓形；食指在上，中指、无名指、小指依次略低，4个指尖呈一条斜线。然后，从小指开始，4个指尖依次顺序各捻下一张，四指共捻四张。接着以同样的方法清点，循环往复，点完25次即点完100张。手持式四指拨动点钞法要注意以下几个方面。

① 捻钞券时动作要连续，下张时一次一次连续不断，当食指捻下本次最后一张时，小指要紧紧跟上，每次之间不要间歇。

② 捻钞的幅度要小，手指离票面不要过远，4个指头要一起动作，加快往返速度。

③ 4个指头与票面接触面要小，应用指尖接触票面进行捻动。

④ 右手拇指随着钞券的不断下捻向前移动，托住钞券，但不能离开钞券。

⑤ 在右手捻钞的同时左手要配合动作，每当右手捻下一次钞券，左手拇指就要推动一次，二指同时松开，使捻出的钞券自然下落，再按住未点的钞，往复动作，使下钞顺畅自如。手持式四指拨动点钞法如图1-3所示。

（3）记数。采用分组记数法，以4个指头顺序捻下4张为一次，每次为一组，25次即为25组、100张。

4）手持式五指拨动点钞法

手持式五指拨动点钞适用于收款、付款和整点工作。其优点是效率高、记数省力，可减轻劳动强度。这种方法要求5个手指依次动作，动作准度较大。

（1）持钞。钞券横立，用左手持钞。持钞时，左手小指、拇指放在票面前，其余3个手指放在票后，拇指用力把钞券压成瓦

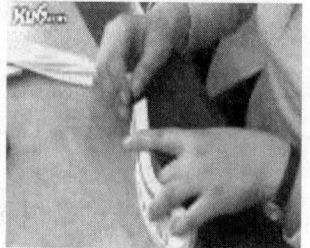

图1-3　手持式四指拨动
点钞法示意图

形，用右手退下腰条纸；左手将钞券右边向右手拍打一下，并用右手顺势将钞券推起；左手变换各手指位置，即用无名指、小指夹住钞券左下端，中指和食指按在钞券外侧，食指在上，中指在下，拇指轻压在钞券上外侧使钞券成瓦形。

（2）清点。右手5个指头沾水，从右角将钞券逐张向怀里方向拨动，以拇指开始，依次食指、中指、无名指、直至小指收尾为止。每指拨一张，一次为5张。手持式五指拨动点钞法如图1-4所示。

（3）记数。采用分组记数，每5张为一组记一个数，记满20为即为100张。

以上介绍的五指拨动法是单向拨动，即右手始终是从拇指开始依次向怀里方向拨动，直至小指收尾止。五指拨动法也可里外双向拨动，即先从拇指开始，食指、中指依次向怀里方向拨动，到无名指收尾为止，再从小指开始，依次无名指、中指向外方向拨动。直至食指收尾为止。这样来回拨动一次8张，点12个来回余4张即为100张。这钟点钞方法虽然准度较大，但速度快、效率高。

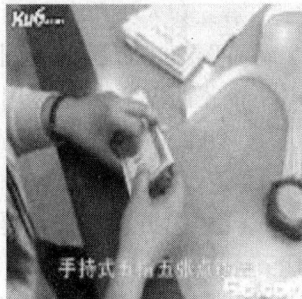

图1-4 手持式五指拨动
点钞法示意图

3. 钞票的捆扎方法

点钞完毕后需要对所点钞票蹾齐并进行扎把。通常是100张捆扎成一把。临柜收款采用此种方法，需使用牛皮纸腰条，其具体操作方法介绍如下。

（1）将点过的钞票100张墩齐。

（2）左手从长的方向拦腰握着钞票，使之成为瓦状（瓦状的幅度影响扎钞的松紧，在捆扎中幅度不能变）。

（3）右手握着腰条头将其从钞票的长的方向夹入钞票的中间（离一端1/3～1/4处）从凹面开始绕钞票两圈。

（4）在翻到钞票原度转角处将腰条向右折叠90度，将腰条头绕捆在钞票的膘条转两圈打结。

1.3.4 假钞的识别技能

1. 人民币的特点

从1962年到2005年，我国共陆续发行了5套人民币钞券。目前，市场上流通的主要是第四套和第五套人民币，而第五套人民币又分为1999年和2005年两个版本。

1）第四套人民币的特点

于1987年4月27日起陆续发行第四套人民币的券别，共有9种，即：1元、2元、5元、10元、50元、100元6种主币和1角、2角、5角3种辅币。第四套人民币具有以下一些特点：①在设计、制版上采用了复杂的雕刻技术，不易造假；②钞票用纸采用了满版古钱水印和固定人物头像水印，表现出明暗层次；③首次使用安全线，工艺技术很高；④采用了荧光油墨和磁性油墨，以及其他防伪技术。防伪性能的加强，也反映了我国印钞技术水平的提高。

2）第五套人民币的特点

1999年，中国人民银行陆续发行第五套人民币（1999年版），共有1角、5角、1元、

5元、10元、20元、50元、100元8种面额，其中1元有纸币、硬币2种。第五套人民币根据市场流通需要，增加了20元面额，取消了2元面额，使面额结构更加合理。

第五套人民币各面额货币正面均采用毛泽东主席新中国成立初期的头像，底衬采用了中国著名花卉图案，背面主景图案选用有代表性的寓有民族特色的图案。

2005年年底，中国人民银行发行2005年版第五套人民币，主图案与1999年版保持一致，但变光数字、面额水印位置调整，背面面额数字加后缀"YUAN"等。

第五套人民币各面额正面均采用毛泽东主席新中国成立初期的头像，底衬采用了我国著名花卉图案，背面主景图案分别选用了人民大会堂、布达拉宫、桂林山水、长江三峡、泰山、杭州西湖。通过选用有代表性的寓有民族特色的图案，充分表现了我们伟大祖国悠久的历史和壮丽的山河，弘扬了伟大的民族文化。

第五套人民币与前4套人民币相比具有以下一些鲜明的特点。

（1）第五套人民币是由中国人民银行首次完全独立设计与印制的货币，其印制技术已达到了国际先进水平。

（2）第五套人民币通过有代表性的图案，进一步体现出我们伟大祖国悠久的历史和壮丽的山河，具有鲜明的民族性。

（3）第五套人民币的主景人物、水印、面额数字均较以前放大，尤其是突出阿拉伯数字表示的面额，这样便于识别，会收到较好的社会效果。

（4）第五套人民币应用了先进的科学技术，在防伪性能和适应货币处理现代化方面有了较大提高，因此是一套科技含量较高的人民币。

（5）第五套人民币在票幅尺寸上进行了调整，票幅宽度未变，长度缩小。

2. 第五套人民币的防伪特征

（1）水印。第五套人民币50元、100元为毛泽东主席头像固定水印；1元、5元、10元20元为花卉固定水印。

（2）红、蓝彩色纤维。在第五套人民币100元、20元的票面上，可看到纸张中有红色和蓝色纤维。

（3）安全线。第五套人民币100元为磁性微文字安全线；20元为明暗相间的磁性安全线。

（4）手工雕刻头像。第五套人民币纸币正面主景为毛泽东主席头像，均采用手工雕刻凹版印刷工艺，形象逼真、传神，凹凸感强。

（5）隐形面额数字。第五套人民币纸币正面右上方有一装饰图案，将票面置于与眼睛接近平行的位置，面对光源作平面旋转45°或90°角，可看到面额数字字样。

（6）光变面额数字。第五套人民币50元、100元正面左下方用新型油墨印刷了面额数字，当与票面垂直观察其为绿色，而倾斜一定角度则变为蓝色。

（7）阴阳互补对印图案。第五套人民币纸币的正面左下角和背面右下方各有一圆形局部图案，透光观察，正背图案组成一个完整的古钱币图案。

（8）雕刻凹版印刷。第五套人民币的中国人民银行行名、面额数字、盲文面额标记等均采用雕刻凹版印刷，用手指触摸有明显凹、凸感。

（9）号码（凸印）。第五套人民币100元为横竖双号码（1999年版），横号为黑色，竖号为蓝色；20元为双色横号码，号码左半部分为红色，右半部分为黑色。

（10）胶印缩微文字。第五套人民币纸币多处印有胶印缩微文字"RMB100"、"RMB20"等的字样。

（11）专用纸张。第五套人民币纸币采用特种原材料由专用钞造设备钞制的印钞专用纸张印制，在紫外光下无荧光反应。

（12）变色荧光纤维。第五套人民币纸币在特定波长的紫外光下可以看到纸张中随机分布有黄色和蓝色荧光纤维。

（13）无色荧光图案。第五套人民币纸币在正面行名下方胶印底纹处，在特定波长的紫外光下可以看到面额字样，该图案采用无色荧光油墨印刷，可供机读。

（14）有色荧光图案。第五套人民币100元背面主景上方椭圆形图案中的红色纹线，在特定波长的紫外光下显现明亮的橘黄色；20元券背面的中间在特定波长的紫外光下显现绿色荧光图案。

（15）胶印接线印刷。第五套人民币100元正面左侧的中国传统图案是用胶印接线技术印刷的，每根线均由两种以上的颜色组成。

（16）凹印接线印刷。第五套人民币100元背面面额数字"100"、20元正面左侧面额数字"20"是采用凹印接线技术印刷的，两种墨色对接自然完整。

（17）凹印缩微文字。第五套人民币纸币在正面右上方装饰图案中印有凹印缩微文字，在放大镜下，可看到"RMB100"、"RMB20"等字样。

（18）磁性号码。第五套人民币用特定的检测仪检测，100元的黑色横号码和20元的双色横号码中黑色号码有磁性，可供机读。

3. 假人民币的主要类型

1）假人民币的种类

假人民币是指仿照真人民币纸张、图案、水印、安全线等原样，利用各种技术手段非法制作的伪币。

假币按照其制作方法和手段，大体可分为两种类型：伪造币和变造币。伪造币是依照人民币真钞的用纸、图案、水印、安全线等的原样，运用各种材料、器具、设备、技术手段模仿制造的人民币假钞；变造币是利用各种形式、技术、方法等，对人民币真钞进行加工处理，改变其原有形态，并使其升值的人民币假钞。

2）伪造币的种类

伪造币因仿制的手段不同而各有独自的特点，现按其不同的仿制手段分为：手绘假钞、蜡印假钞、石印假钞、手刻凸版假钞、拓印假钞、复印合成假钞、机制假钞、彩色复印假钞、照相假钞、剪贴假钞。

3）变造币的种类

变造币由于其对真币的加工处理方法不同，又可分为以下几种情形。

（1）涂改币。这是将真币票面金额用化学药剂涂掉，再用油墨或颜料加以涂改，使其面额增大的假钞。

（2）剪贴币。这是将真币剪贴拼凑成局部缺位，由5张拼成6张，或者8张拼成10张。也有的是将票面金额部分进行挖补，使其面额增值。

（3）揭页币。这是将真币的纸层揭开，一分为二，再用其他纸张粘贴于背后的单面假钞。

4. 识别假人民币的基本方法

对于假人民币的识别，主要是通过比较的方法，从以下几个方面着手进行辨识。

1）纸张识别

人民币纸张采用专用钞纸，主要成分为棉短绒和高质量木浆，具有耐磨、有韧度、挺括、不易折断，抖动时声音发脆响等特点；而假币纸张绵软，韧性差，易断裂，抖动时声音发闷。

2）水印识别

人民币水印是在造纸中采用特殊工艺使纸纤维的堆积而形成的暗记。分满版和固定水印2种。例如，现行人民币1、2、5元券为满版水印暗记；10、50、100元券为固定人头像水印暗记。其特点是层次分明，立体感强，透光观察清晰。而假币的特点是水印模糊，无立体感，变形较大，用浅色油墨加印在纸张正、背字面，不需迎光透视就能看到。

3）凹印技术识别

真币的技术特点是图像层次清晰，色泽鲜艳、浓郁，立体感强，触摸有凹凸感，如1、2、5、10元券人民币在人物、字体、国徽、盲文点处都采用了这一技术。而假币图案平淡，手感光滑，花纹图案较模糊，并由网点组成。

4）荧光识别

1990年版50、100元券人民币分别在正面主图景两侧印有在紫外光下显示纸币面额的阿拉伯数字"100"或"50"和汉语拼音"YIBAI"或"WUSHI"的金黄色荧光反应，但整版纸张无任何反应。而假币一般没有荧光暗记，个别的虽有荧光暗记但与真币比较，颜色有较太差异，并且纸张会有较明亮的蓝白荧光反应。

5）安全线识别

真币的安全线是立体实物与钞纸融为一体，有凸起的手感。假币一般是印上或画上的颜色，如加入立体实物，会出现与票面皱褶分离的现象。

此外，还可借助仪器进行检测，可用紫外光、放大镜、磁性等简便仪器对可疑票券进行多种检测。

5. 第五套人民币的识别方法

对于第五套人民币纸币真伪的识别，通常采用"一看、二摸、三听、四测"的方法。

2005年版100元人民币特征如图1-5所示。

"一看"：就是在掌握人民币特点的基础上，从以下几个方面进行观察。

1）看水印

第五套人民币各券别纸币的固定水印位于各券别纸币票面正面左侧的空白处，迎光透视，可以看到立体感很强的水印。100元、50元纸币的固定水印为毛泽东主席头像图案。20元、10元、5元纸币的固定水印为花卉图案，如图1-6所示。

2）看安全线

第五套人民币纸币在各券别票面正面中间偏左，均有一条安全线。100元、50元纸币的安全线，迎光透视，分别可以看到缩微文字"RMB100"、"RMB50"的微小文字，仪器检测均有磁性；20元纸币，迎光透视，是一条明暗相间的安全线，10元、5元纸币安全线为全息磁性开窗式安全线，即安全线局部埋入纸张中，局部裸露在纸面上，开窗部分分别可以看到由微缩字符"￥10"、"￥5"组成的全息图案，仪器检测有磁性，如图1-7所示。

真钞的正面左上有几处图案，包括国徽和中国人民银行等，用手摸，凹凸感会很明显。假钞的凹凸感不明显。

真钞的金属钱是完整的一条线。假钞中间一般有明显断续。

假钞纸张较脆，无韧性，水印模糊，没有立体感。

真钞的中间偏左，最大的100字样左下有半个"孔方"古钱，正反各半个，对着光亮处可以看到一个完整的中国古钱标识。假钞几乎无法拼完整或有间隙。

真钞右上角的100下面红色图案里的100字样，必须把钞票放得和眼睛接近平行，对着光源才能看到。假钞的100字样无须旋转角度即可看见。

真钞左下角的100字样在不同角度可以看到蓝和绿两种主要颜色。假钞无光变效果。

真钞左下100字样的右边空白处有一隐形的100字样，对光看具有透光性。假钞一般是黄色油墨印刷上的，不透光。

图1-5 2005年版100元人民币特征

第五套人民币100元和50元人像水印

第五套人民币10元花卉水印

第五套人民币20元花卉水印

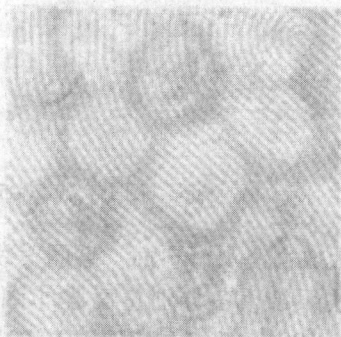

第五套人民币5元花卉水印

图1-6 2005年版人民币水印特征

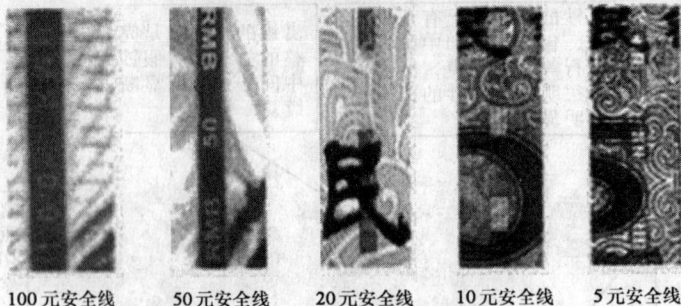

100元安全线   50元安全线   20元安全线   10元安全线   5元安全线

图1-7　2005年版人民币防伪安全线特征

3）看光变油墨

第五套人民币100元券和50元券正面左下方的面额数字采用光变墨印刷。将垂直观察的票面倾斜到一定角度时，100元券的面额数字会由绿变为蓝色；50元券的面额数字则会由金色变为绿色，如图1-8所示。

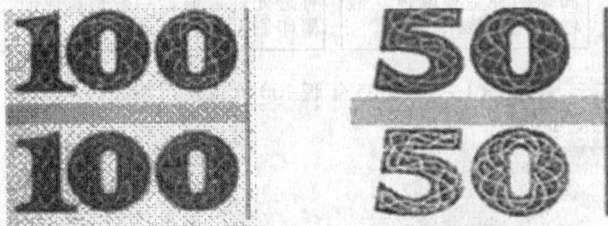

图1-8　2005年版人民币变色油墨特征

4）看票面图案

票面图案是否清晰，色彩是否鲜艳，对接图案是否可以对接上。

第五套人民币纸币的阴阳互补对印图案应用于100元、50元和10元券中。这3种券别的正面左下方和背面右下方都印有一个圆形局部图案。迎光透视，两幅图案准确对接，组合成一个完整的古钱币图案，如图1-9所示。

图1-9　2005年版人民币花色图案

用5倍以上放大镜观察票面，看图案线条、缩微文字是否清晰干净。

第五套人民币纸币各券别正面胶印图案中，多处均印有微缩文字，20元纸币背面也有该防伪措施。100元微缩文字为"RMB"和"RMB100"；50元为"50"和"RMB50"；20元为"RMB20"；10元为"RMB10"5元为"RMB5"和"5"字样，如图1-10所示。

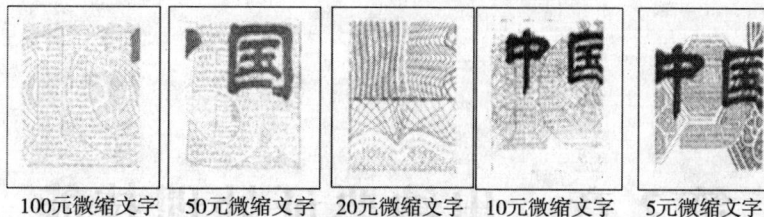

| 100元微缩文字 | 50元微缩文字 | 20元微缩文字 | 10元微缩文字 | 5元微缩文字 |

图1-10 2005年版人民币花色特征

"二摸"：对人民币的凹凸感和纸张的挺括度进行感觉。①摸人像、盲文点、中国人民银行行名等处是否有凹凸感。第五套人民币纸币各券别正面主景均为毛泽东主席头像，采用手工雕刻凹版印刷工艺，形象逼真、传神，凹凸感强，易于识别。②摸纸币是否薄厚适中，挺括度好。

"三听"：通过抖动钞票使其发出声响，根据声音来分辨人民币真伪。人民币的纸张具有挺括、耐折、不易撕裂的特点。手持钞票用力抖动、手指轻弹或两手一张一弛轻轻对称拉动，能听到清脆响亮的声音。

"四测"：借助一些简单的工具和专用的仪器来分辨人民币真伪。例如，借助放大镜可以观察票面线条清晰度、胶、凹印缩微文字等；用紫外灯光照射票面，可以观察钞票纸张和油墨的荧光反应；用磁性检测仪可以检测黑色横号码的磁性。

1.3.5 出纳常用机具使用技能

出纳在办理日常业务中常会使用一系列机具，应熟练使用机具，提高办事效率。出纳常用机具有点钞机、支票打印机、电子支付密码器、保险柜、装订机等。初次使用时，要仔细阅读企业购买的各种机具的使用说明书，结合各种机具的使用说明书来完成使用技能的掌握与运用，掌握其使用环境介绍、基本操作方法和日常维护等基础信息。

课后练习

1. 复习思考

（1）出纳的工作范围是什么？

（2）出纳的工作程序包括哪些内容？

（3）如何识别假币？

2. 技能练习

（1）阿拉伯数字的书写训练。

（2）练习以下数字的大写。

1 000.00 2 000.54 65 100.90 803 007.06

（3）点钞技能的训练。

（4）珠算加减训练。

第 2 章　出纳票证处理技能

【学习目标】

通过学习，明确原始凭证、记账凭证的基本内容；熟悉办理出纳业务所涉及的各项凭证；掌握原始凭证、记账凭证填制的基本技巧和装订方法。

【重点内容】

（1）常见原始凭证的内容。

（2）常见原始凭证的填制技能。

（3）记账凭证的编制技巧。

（4）会计凭证的装订技术。

2.1　原始凭证的处理技能

原始凭证是在经济业务发生或完成时取得或填制的，用以记录、证明经济业务的发生或完成情况的最初书面证明文件，是会计核算的原始资料，以及编制记账凭证的依据。出纳在进行货币资金收付时都应该取得或填制原始凭证。

2.1.1　原始凭证的基本认识

1. 原始凭证的种类

1）按原始凭证的来源划分

原始凭证按照来源可以分为外来原始凭证和自制原始凭证。

外来原始凭证是指同外单位发生经济往来时从外单位取得的原始凭证，如购买商品时取得的发票，从银行传来的付款通知单等。自制原始凭证是指本单位的内部经办部门或人员在办理业务时填制的原始凭证，如销售商品时开出的发票、职工借款填制的借款单、出纳提取现金开出的现金支票、材料的入库单等。

2）按原始凭证的填制方法划分

按照原始凭证的填制方法不同，分为一次原始凭证、累计原始凭证、汇总原始凭证。

一次原始凭证是指原始凭证填制手续一次完成，已填制的原始凭证不能重复使用，只能证明一次经济业务的原始凭证。外来原始凭证一般都是一次原始凭证，如现金支票、借款单。累计原始凭证是指在一张原始凭证上连续、累计记录反映一定时期内发生的若干同类经济业务，填制手续不是一次完成的，而是随经济业务的发生多次进行，直到期末才完成的原始凭证，如材料的限额领料单。汇总原始凭证又称为原始凭证汇总表，是指将一定时期内的同类经纪业务的原始凭证进行汇总而编制的原始凭证，如职工工资单、销货汇总表、材料入库汇总表等，只有同类型业务才能编制汇总原始凭证。

2. 原始凭证的基本要素

由于各项经济业务的内容和经济管理的要求不同，各原始凭证的名称、格式和内容也是多种多样的。但它们必须详细载明有关经济业务的发生或完成情况，明确经办单位和人员的经济责任。因此，各种原始凭证都应具备一些共同的基本内容，一张完整的原始凭证的基本内容应包括以下要素：凭证的名称；填制的日期；凭证的编号；填制和接受凭证的单位名称；经济业务的基本内容，其中包括经济业务发生的金额；填制单位及有关人员的签章等。

由于自制原始凭证与外来原始凭证的来源不一样，履行的手续也就有所区别，因此所包含的凭证的要素也不尽相同。

2.1.2 原始凭证的填制与审核

1. 原始凭证的填制要求

原始凭证的填制是会计人员的日常工作内容之一，是一项技术性很强的工作，其填制方法是按照凭证应具备的基本要素及填制要求逐项填制。原始凭证的填制要求概括起来就是记录真实、内容完整、手续完备、书写清楚、编号连续、填制及时。

原始凭证发生填制错误，如发票、支票、收据填制错误，不能销毁，应在错误的原始凭证上加盖"作废"字样，并和存根一起完整保存。原始凭证填制错误，应作废重新填制。

原始凭证有错误的，不得涂改、刮擦、挖补。应当由出具单位重开或更正，更正处应当加盖出具单位印章。原始凭证金额有错误的，应当由出具单位重开，不得在原始凭证上更正。

经济业务发生后，业务经办人员应及时将原始凭证传递给会计部门进行处理，没有及时处理的经济业务会影响不同会计期间的会计信息的正确性。因此，原始凭证审核人员应对原始凭证上记录的经济业务的发生时间进行审核。

2. 原始凭证的审核与处理

原始凭证的审核是一项政策性很强的工作，也是十分细致和严肃的工作，是保证原始凭证的真实、合法和有效的前提条件。

1）原始凭证审核的内容

原始凭证是进行会计核算的重要资料和重要依据。只有原始凭证是真实、合法、有效的，才能保证在此基础上进行的会计核算和取得的会计核算资料是真实、合法和有效的。对于出纳人员来说，只有经过严格认真审核无误和符合规定的原始凭证，才能据以编制记账凭证，才能据以办理款项的收付。

对原始凭证的审核要注意"四性"，即凭证所反映的经济业务事项的合规性、经济业务内容的真实性、原始凭证的完整性和原始凭证的准确性。其具体内容见"现金业务处理技能"。

2）问题凭证的处理

对在原始凭证审核过程发现的问题，应分清其性质，按照有关规定进行处理。

（1）对于违反财经纪律的一切开支，会计人员有权拒绝支付和报销；对不符合法令规定的经济业务，有权拒绝执行并及时向有关部门和领导汇报。例如，如果发现原始凭证所记载的经济业务是违反法规制度的，或者该原始凭证是不合法的、伪造的，或者是白条的，出纳人员都有权拒绝收款、付款或报销，并可扣留凭证，向上级反映处理。

（2）对于审核中发现的填写不齐全、手续不齐备的原始凭证，会计人员有权退回给填制单位或经办人员，要求其及时补办完整，否则不予受理。

（3）对于审核中发现的填写、计算金额有误的原始凭证，或者是书写不规范的原始凭证，要退回给有关部门或人员，以补齐手续或更正错误。

2.1.3　出纳常见原始凭证及填制

1. 支票

出纳从银行提取现金时应填制现金支票，同城办理转账付款时应填制转账支票。支票样式如表 2-1、表 2-2 所示。

表 2-1　现金支票票样正面

银行 现金支票存根 56891001	现金支票　（闽）　　56891001　厦门
附加信息 _____ _____ _____ 出票日期2009年01月08日	出票日期(大写) 贰零零玖 年零壹 月零捌 日　付款行名称 工行古城支行 收款人：　　　　　　　　　　　　　出票人账号 4230005

（票面金额栏）人民币(大写) 壹仟元整　亿千百十万千百十元角分 ￥100000

用途 提备用金　　上列款项请从我账户内支付　出票人签章　复核　记账

收款人	荆州天茂公司
金　额	1000.00
用　途	备用金

单位主管　会计

本支票付款期限十天

表 2-2　现金支票票样背面

附加信息：		
		收款人签章 年　月　日
	身份证件名称：　　　发证机关：	
	号码	

贴粘单处

支票正面分为左右两部分。左边是支票存根，作为减少银行存款的原始凭证，右边是支票票面，提取现金或转账付款时交银行。

填写支票时应注意以下几点。

① 时间填写。票面部分用汉字大写时间，存根用小写时间。

② 付款单位的开户行名称、单位账号。

③ 收款单位名称。

④ 人民币的大写、小写金额、人民币小写符号。

⑤ 付款的用途。

⑥ 盖章。应在支票的票面完整地盖上预留银行的印章（出纳私章、法人代表私章、财务专业章）。

收款人和金额如果是授权补记，这两个项目在开票时可以不填，支票背书时应在背面签字盖章。

2. 差旅费报销单

单位职工出差，报销差旅费时应填制的原始凭证。差旅费报销单式样如表2-3所示。

表2-3 差旅费报销单式样

服务部门	供销科		姓名	李义	出差天数		自 1 月 1 日至 1 月 15 日共 15			
出事差由	采购				借旅支费	日期	2007 年 1 月 1 日		金额 ¥ 1 000	
						结算金额 ¥ 800.00				
出发			到达		起地点	交通费	行李费	旅馆费	住勤费	途中伙食费	出差补贴
月	日	时分	月	日	时分						
1	1		1	1		厦门—福州	120.00				
1	1		1	15		福州—福州	60.00			400.00	100.00
1	15		1	15		福州—厦门	120.00				
合 计					零 万零 仟捌 佰零 拾零 元零 角零 分 ¥800.00						
主管	同意		会计			出纳	李明	报销人		李义	

出纳在收到职工的差旅费报销单时，应该审核费用报销单上所列费用（补助除外）与费用粘贴单上原始票证是否相符。

3. 收款收据

收款收据是企事业单位从财政或税务机关购买，非销售业务收取现金时出纳应填制的原始凭证。收款收据一般是一式三联，分为存根、付款方收据、收款方记账联三联。收款收据式样如表2-4所示。

表2-4 收款收据式样

非经营性资金往来统一收据 发票代码 1352020760193

发票号码 00249833

付款方：职工李民_____ 日期 2009 年 01 月 12 日

项 目	金 额	
报账还款	300.00	第一联：存根
合计人民币（大写）：叁佰元整	¥ 300.00 元	

款项结算方式：_____ 开票：_____ 收款：_____ 收款单位（盖章）

已开票的收据存根应在下次购买时交原售票机关验票，如果开票错误，应将一式三联完整保存，不得撕毁。

4. 进账单

收款单位收到对方单位的银行票据（如转账支票或银行汇票）时，需填进账单连同票据一起到银行办理进账手续。由收款方填制的进账单。一般为一式两联，一联交收款银行，由银行盖章的回单作为收款方原始凭证。由付款方填制的进账单为一式三联，分别给收款方、收款方银行、付款方。进账单式样如表2-5所示。

表2-5　银行进账单式样

（　中国银行）**进账单**（回单）

2009 年 01 月 01 日

付款人	全 称	厦门庆丰工贸公司		收款人	全 称	厦门国贸公司										此联是开户银行交给持票人的回单
	账 号	20046344189			账 号	3000298222288										
	开户行	工商银行中山支行			开户行	中国银行厦门分行湖滨支行										
金额	人民币（大写）柒万零玖佰陆拾元整					亿	千	百	十	万	千	百	十	元	角	分
										￥	7	0	9	6	0	0	0
票据种类		转账支票													
票据张数		壹张			银行厦门分行湖滨支行　中国　012　业务公章						开户银行签章				
		复核　　记账													

5. 存款单（缴款单、解款单）

存款单是单位将现金存入银行时填制的原始凭证。缴款单式样如表2-6所示。

表2-6　存款单式样

中国银行现金存款凭条

2009 年 01 月 13 日

收款人	全 称	荆州天茂公司		款项来源	销货款								第一联
	账 号	4230005		交款人	张娜								
	开户行	中行古城支行			百	十	万	千	百	十	元	角	分
金额大写（币种）壹万叁仟元整							￥	1	3	0	0	0	0	0
票面	张数	金额	票面	张数	金额								银行核对联
100元			5角										
50元			2角										
20元			1角										
10元			5角										

单位将现金存入银行时应填制存款单，一联回单由银行盖章后交存款方作原始凭证，另两联留银行。

6. 借款单

借款单是借款人借款时填制的原始凭证。借款单式样如表2-7所示。

表2-7 借款单式样

借 款 单

2009 的 02 月 05 日   第   号

借款部门	业务部	姓名	王伟	事由	开供货会	
借款金额（大写）	零万肆仟零佰零拾零元零角		分¥4 000.00			第三联、记账凭证
部门负责人签署	签字	借款人签章	王伟	注意事项	一、凡借用公款必须使用本单 二、第三联为正式借据由借款人和单位负责人签章 三、出差返回后三天内结算	
单位领导批示	签字	审核意见	同意			

借款单是否作为原始凭证，在会计实务中有两种处理方法：①在借款人及时报账还款（当月）时不作原始凭证，退还借款单，直接进行费用核算；②在借款人跨月报账还款时应作原始凭证，报账还款时开出收据，冲销借支。

7. 增值税专用发票

增值税专用发票是增值税一般纳税人在销售货物时开出的原始凭证。增值税专用发票一式三联，第一联抵扣联、第二联发票联、第三联记账联。其中第一联、第二联交购货方。增值税专用发票式样如表2-8所示。

表2-8 增值税专用发票式样

江苏省增值税专用发票 NO 10991860

记 账 联   开票日期：2008 年 01 月 6 日

购货单位	名　　　　称：	昆明动力机厂					密码区		第三联：记账联 销货方记账凭证
	纳税人识别号：	423102657336405							
	地址、电话：	长江东路115号　48752369							
	开户行及账户：	中国工商银行　630421							

货物或应税劳务名称	规格型号	单位	数量	单价	金额	税率	税额
乙产品		台	50	700.00	35 000.00	17%	5 950.00
合计					¥35 000.00		¥5 950.00

价税合计（大写）	肆万零玖佰伍元整	（小写）40 950.00	

销货单位	名　　　　称：	锡惠动力机厂	备注
	纳税人识别号：	320201796350436	
	地址、电话：	梁溪市锡惠路35号　88752369	
	开户行及账户：	中国工商银行　360540	

收款人：　　　　复核人：　　　　开票人：李华　　　　销货单位：（章）

增值税专用发票作为抵扣税款的法定依据，其记载的信息必须真实、准确、全面、合法。因此，必须按下列要求开具增值税专用发票。

（1）购销双方的信息必须真实、准确。

（2）不得涂改。如填写有误，应另行开具增值税专用发票，并在误填的增值税专用发票上注明"误填作废"4个字。如增值税专用发票开具后，因购货方不索取而成废票的，也应按填写有误的要求办理。

（3）项目填写齐全。

（4）票、物相符，票面金额与实际收取的金额相符。

（5）各项目内容正确无误。

（6）全部联次一次填写，上、下联的内容和金额一致。

（7）发票联和抵扣联加盖财务专用章或发票专用章。

（8）按照所规定的时限开具专用发票。

（9）不得开具伪造的专用发票。

（10）不得拆本使用专用发票。

（11）不得开具票样与国家税务总局统一制定的票样不相符合的专用发票。

开具的增值税专用发票有不符合上列要求者，不得作为扣税凭证，购买方有权拒收。

另外，国家税务总局还规定，纳税人在专用发票抵扣和发票联的有关栏目中应在专用发票销货单位栏加盖戳记（使用蓝色印泥）。专用发票销货单位栏戳记是指按专用发票"销售单位"栏的内容（包括销售单位名称、税务登记号、地址、电话号码、开户银行及账号等）和格式刻制的专用印章，用于加盖在专用发票"销货单位"栏内。纳税人开具专用发票时，不得手工填写"销货单位"栏，凡手工填写"销货单位"栏的，属于未按规定开具专用发票，购货方不得作为扣税凭证。

8. 入库单（收料单）

入库单是单位购进材料验收入库和产品完工入库时填制的原始凭证。入库单式样如表2-9所示。

表2-9 收料单式样荆州动力机厂收料单

2009 年 01 月 5 日　　　　　　　　　　第 1002 号

供货单位：武汉大华工厂

发票号码：33179　　　　　　　　　　　　　　材料大类：原材料

材料编号	名称	规格	单位	数量		实际价格			计划价格		第一联：连同发票凭以付款
				发票	实收	单价	金额	其中：运杂费	单价	金额	
0012	D 材料		只	10		180.00	1 800.00				

制单：王　　　　　验收：黄玲　　　　主管：张志　　　　记账：

入库单一式三联，由仓库在办理入库手续时填制，一联交财务部门、一联存根、一联交业务部门。

出库单与入库单格式相似，这里不再赘述。

9. 委托收款凭证

委托收款凭证是销货方发运商品后，委托银行收取货款时填制的原始凭证，是因为单位之间商品交易及由此引发的劳务供应款项在异地间的结算而产生的。其式样如表2-10所示。

表 2－10 委托收款凭证式样

委托收款凭证（受理回单） **1**

委托日期2009 的01 月06 日

业务类型	委托收款（☑邮划 □电划） 托收承付（□邮划、□电划）					
付款人	全 称	武汉工贸公司	收款人	全 称	荆州天茂公司	
	账 号	396587		账 号	4230005	
	地 址	湖北 省 武汉 市/县 开户行 工行		地 址	湖北 省 荆州 市/县 开户行 工行	

金额	人民币（大写）	亿	千	百	十	万	千	百	十	元	角	分
	肆万六仟柒佰元零伍角整				¥	4	6	7	0	0	5	0

款项内容	销货款	托收凭据名称	发票	附寄单证张数	2
商品发运情况	已发运	合同名称号码	123456		
备注： 复核 记账	款项收妥日期 年 月 日	收款人开户银行签章 年 月 日			

委托收款凭证分为一式五联。第一联银行受理回单，第二联贷方凭证，第三联借方凭证，第四联收账通知，第五联付款通知。其中，第一联在银行受理后退回委托方，第四联银行收回委托收款后通知企业作收款原始凭证，第五联付款方的付款通知，第二、三联分别给收、付款银行。

10. 汇兑凭证

汇兑凭证是付款方将款项汇往外地单位时由单位或个人填制的原始凭证。汇兑凭证式样如表 2－11 所示。

表 2－11 信汇凭证式样

银行信汇凭证（回单）

委托日期2009 年01 月09 日

付款人	全 称	荆州天茂公司	收款人	全 称	武汉信达公司
	账 号	4230005		账 号	2584000
	汇出地点	湖北 省 荆州 市/县		汇入地点	湖北 省 武汉 市/县
汇出行名称		工行古城支行	汇入行名称		建行古田支行

金额	人民币（大写）	亿	千	百	十	万	千	百	十	元	角	分
	贰拾万元整			¥	2	0	0	0	0	0	0	0

汇出行签章	支付密码	******
	附加信息及用途： 预付货款 复核： 记账：	

此联汇出行给汇款人的回单

汇兑根据汇款的方式不同分为信汇和电汇。汇兑凭证一式四联，第一联付款方的汇出凭证，第二、第三联汇入汇出行凭证，第四联收款方的收款凭证。

11. 银行汇票

银行汇票是汇款人将款项交存当地出票银行，由出票银行签发的，按照实际结算金额无条件支付给收款人和持票人的票据。其凭证式样如表 2-12 所示。

表 2-12　银行汇票式样

银行汇票 付款期限 壹个月	中国农业银行 银 行 汇 票2	XI00448988 第　　号

出票日期（大写）　贰零零伍年壹拾贰月零捌日

代理付款行：工商银行梁溪城南支行　行号：430

收款人：　上海工具厂　　　　　　账号：801-0056-48

出票金额　人民币（大写）　伍仟元整

实际结算金额　人民币（大写）

千	百	十	万	千	百	十	元	角	分

申请人：　锡惠动力机厂　　　　账号或住址：　360540

出票行：　中国工商银行

备　注：　购工具款

凭票付款

出票行签章

多 余 金 额

千	百	十	万	千	百	十	元	角	分

科目（借）_____
对方科目（贷）_____
兑付日期：　年　月　日
复核　　　记账

2.2　记账凭证的处理技能

记账凭证是会计人员（出纳）根据审核无误的原始凭证或汇总原始凭证，用于确定经济业务应借、应贷的会计科目和金额而填制的，是作为登记账簿直接依据的会计凭证。

2.2.1　记账凭证的基本认识

1. 记账凭证的种类

记账凭证按其适用的经济业务不同，可分为专用记账凭证和通用记账凭证两类。专用记账凭证是用于专门记录某一类经济业务的记账凭证。专用记账凭证按其所记录的经济业务是否与现金和银行存款的收付有关，又分为收款凭证、付款凭证和转账凭证 3 种。通用记账凭证的格式不再分收款凭证、付款凭证和转账凭证，而是以一种格式记录全部经济业务。

记账凭证按其包括的会计科目是否单一，分为复式记账凭证和单式记账凭证两类。复式记账凭证又称多科目记账凭证，要求将某项经济业务所涉及的全部会计科目集中填列在一张记账凭证上。单式记账凭证又称单科目记账凭证。每张记账凭证只填列一个记账方向会计科目，其对方科目反映在记账凭证的上方。

记账凭证按其是否经过汇总，可以分为非汇总记账凭证和汇总记账凭证两类。非汇总记账凭证是没有经过汇总的记账凭证，前面介绍的记账凭证都是非汇总记账凭证。汇总记账凭证是根据非汇总记账凭证按一定的方法汇总后填制的记账凭证。汇总记账凭证按汇总方法不同，可分为分类汇总凭证和全部汇总凭证两种。

2. 记账凭证的内容

记账凭证种类甚多，格式不一，但都是对原始凭证进行分类、整理而填制的，一个完整的记账凭证必须具备以下基本内容：凭证名称、填制凭证的日期、凭证编号、经济业务摘要、会计科目、金额、所附原始凭证的张数；制证、审核、记账、会计主管等有关人员的签章；收款凭证和付款凭证还应由出纳人员签名或盖章、记账标记等共9个方面。

2.2.2　记账凭证的填制要求

填制记账凭证是会计核算的重要环节，填制正确与否，关系到记账的真实性。填制记账凭证时，必须满足下列各项要求。

（1）必须以审核无误的原始凭证为依据。可以根据每份原始凭证单独填制，也可以根据同类经济业务的多份原始凭证汇总填制，还可以根据汇总的原始凭证来填制。

（2）摘要的填写简明扼要，既能概括经济业务的要点，又便于登记账簿和账证核对。

（3）准确地使用会计科目，不得简化或用代号。必须按照会计制度统一规定的会计科目，根据经济业务的性质，编制会计分录，以保证核算的口径一致，便于综合汇总。

（4）记账凭证中要求填写的内容必须填写齐全，不得简化。记账凭证的日期，一般应填写记账凭证处理时的日期。但在月末时，有些转账业务要等到下月初方可填制转账凭证时，也应填写本月末的日期。

（5）按规定核对凭证编号，记账凭证在一个月内应当连续编号，以便查核。在使用通用凭证时，可按经济业务发生的顺序编号。采用收款凭证、付款凭证和转账凭证的，可采用"字号编号法"。即按凭证类别顺序编号。例如，收字第×号、付字第×号、转字第×号等。也可采用"双重编号法"，即按总字顺序编号与按类别顺序编号相结合。采用通用记账凭证的单位可采用"记字×号"编号。

（6）记账凭证的合计金额前面应填写人民币"￥"符号；记账凭证金额空白栏应从下至上划线注销。

（7）记账凭证上应注明所附的原始凭证张数，以便查核。如果根据同一原始凭证填制数张记账凭证时，则应在未附原始凭证的记账凭证上注明"附件××张，见第××号记账凭证"。如果原始凭证需要另行保管时，则应在附件栏目内加以注明。但更正错账和结账的记账凭证可以不附原始凭证。

（8）记账凭证填制错误，在记账前发现，应作废重新填制。已经记账的记账凭证发现错误应采取规定的方法更正。

（9）记账凭证填写完毕，应进行复核与检查，并按所使用的记账方法进行试算平衡。有关人员均要签名盖章。出纳人员根据收款凭证收款，或者根据付款凭证付款时，要在凭证上加盖"收讫"或"付讫"的戳记，以免重收重付出现差错。

2.2.3 记账凭证的编制方法

1. 专用记账凭证的编制方法

专用记账凭证包括收款凭证、付款凭证和转账凭证，不同的记账方法下其格式不同，现按借贷记账法的要求介绍其填制方法。

1）收款凭证的填制方法

收款凭证是用于记录货币资金收款业务的凭证，是由出纳人员根据审核无误的原始凭证收款后填制的。在借贷记账法下，收款凭证的设置科目是借方科目。在收款凭证左上方所填列的借方科目，应是"库存现金"或"银行存款"科目。在凭证内所反映的贷方科目，应填列与"库存现金"或"银行存款"相对应的科目。

【例2-1】企业2007年1月20日收到汇票尾款6 400元存入银行。出纳人员根据审核无误的原始凭证填制银行存款收款凭证，其格式与内容如表2-13所示。

表2-13 收款凭证

收 款 凭 证

银收 字号3 号

借方科目：银行存款　　　　　2007年01月21日

摘　要	对方科目		借或贷	金　额	√
	总账科目	明细科目		千百十万千百十元角分	
收回汇票尾款	其他货币资金	汇票存款	贷	6 4 0 0 0 0	
					□
					□
					□
					□
					□
合　计				￥6 4 0 0 0 0	□

附单据1张

会计主管：　记账：　出纳：***　复核：***　制单：***　受款人：

2）付款凭证的填制方法

付款凭证是用于记录货币资金付款业务的凭证，是由出纳人员根据审核无误的原始凭证付款后填制的。在借贷记账法下，付款凭证的设置科目是贷方科目，在付款凭证左上方所填列的贷方科目，应是"库存现金"或"银行存款"科目。在凭证内所反映的借方科目，应填列与"现金"或"银行存款"相对应的科目。

为了避免重复核算，库存现金与银行存款对应的业务只能填制付款凭证。

【例2-2】2007年1月20日向企业驻广州办汇款5万元。填制付款凭证如表2-14所示。

表2－14　付款凭证

付 款 凭 证

银付 字号4 号

贷方科目：银行存款　　　　　　　　2007年01月21日

摘　　要	对方科目		借或贷	金　额									√
	总账科目	明细科目		千	百	十	万	千	百	十	元	角	分	
支付广州办事处款	其他货币资金	外埠存款广州办	借			5	0	0	0	0	0	0	0	☐
														☐
														☐
														☐
														☐
														☐
														☐
合　　　　计					¥	5	0	0	0	0	0	0	0	☐

附单据1张

会计主管：　　　记账：　　　出纳：＊＊＊　　复核：＊＊＊　　制单：＊＊＊　　受款人：

3）转账凭证的填制方法

转账凭证是用于记录与货币资金收付无关的转账业务的凭证，是由会计人员根据审核无误的转账业务原始凭证填制的。在借贷记账法下，将经济业务所涉及的会计科目全部填列在凭证内，借方科目在先，贷方科目在后，将各会计科目所记应借、应贷的金额填列在"借方金额"或"贷方金额"栏内。借、贷方金额合计数应该相等。

【例2－3】职工张三出差回来，报费用800元，冲抵借支。填制的转账凭证如表2－15所示。

表2－15　转账凭证

转 账 凭 证

转 字第2 号

2007年01月16日

摘　要	总账科目	明细科目	借方金额										贷方金额										√
			亿	千	百	十	万	千	百	十	元	角	分	亿	千	百	十	万	千	百	十	元	角	分	
职工报费用清洗设备	管理费用							8	0	0	0	0													☐
	其他应收款	张三																8	0	0	0	0			☐
																									☐
																									☐
																									☐
																									☐
																									☐
合　　　计								¥	8	0	0	0	0						¥	8	0	0	0	0	☐

附单据1张

会计主管：　　　记账：　　　出纳：　　　复核：　　　制单：

2. 通用记账凭证的编制

通用记账凭证是用于记录各种经济业务的凭证。采用通用记账凭证的经济单位，发生的经济业务一律填制记账凭证。在借贷记账法下，将经济业务所涉及的会计科目全部填列在凭证内，借方在上，贷方在下，将各会计科目所记应借、应贷的金额填列在"借方金额"或"贷方金额"栏内。借、贷方金额合计数应相等。

【例 2－4】企业 2009 年 2 月 28 日购买办公用品 500 元，支付现金。根据发票、入库单填制通用记账凭证如表 2－16 所示。

表 2－16 通用记账凭证

通用记账凭证   记 字第30　号

2009年2月19日

摘　要	总账科目	明细科目	借方金额 亿 千 百 十 万 千 百 十 元 角 分	贷方金额 亿 千 百 十 万 千 百 十 元 角 分	
购买办公用品	管理费用	办公费	5 0 0 0 0		□
	库存现金	张三		5 0 0 0 0	□
					□
					□
					□
					□
合　　计			￥5 0 0 0 0	￥5 0 0 0 0	□

附单据 2 张

会计主管: 张丽　　　记账: 刘美　　　出纳:　　　复核: 王娟　　　制单:

2.2.4　记账凭证的审核

会计凭证的审核是保证会计信息质量，实施会计监督的重要手段。为了正确登记账簿和监督经济业务，除了编制记账凭证人员的认真负责、正确填制、加强自审以外，同时还应建立专人审核制度。对记账凭证应当从以下几个方面进行审核。

1. 内容是否真实

审核记账凭证是否有原始凭证依据，所附原始凭证的内容与记账凭证的内容是否一致，记账凭证汇总表的内容与其所依据的记账凭证的内容是否一致等。

2. 项目是否齐全

审核记账凭证各项目的填写是否齐全，如日期、凭证编号、摘要、会计科目、金额、所附原始凭证张数及有关人员签章等。

3. 科目是否正确

审核记账凭证的应借、应贷科目是否正确，是否有明确的账户对应关系，所使用的会计科目是否符合国家统一的会计制度的规定等。

4. 金额是否正确

审核记账凭证所记录的金额与原始凭证的有关金额是否一致，计算是否正确，记账凭证汇总表的金额与记账凭证的金额合计是否相符等。

5. 书写是否正确

审核记账凭证中的记录是否文字工整、数字清晰，是否按规定进行更正等。

在审核过程中，如果发现差错，应查明原因，按规定办法及时处理和更正。只有经过审核无误的记账凭证，才能据以登记账簿。具体审核内容见"现金收付业务"。

2.3 会计凭证的装订技能

会计凭证是重要的会计档案，对会计凭证进行整理与装订是会计人员的日常工作，按照《会计基础工作规范》第五十五条的规定，记账凭证登记完毕后，应当按照分类和编号顺序按月进行整理、装订并进行妥善保管，不得散乱丢失。

2.3.1 会计凭证的整理

会计凭证装订前首先应将凭证进行整理。会计凭证的整理工作主要是对凭证进行排序、粘贴和折叠。会计凭证的整理包括原始凭证的整理和记账凭证的整理两个方面。

1. 原始凭证的整理

对记账凭证所附的原始凭证进行整理是将原始凭证按不超过记账凭证大小的原则进行粘贴和折叠，并对原始凭证的顺序进行排列。

对于纸张面积大于记账凭证的原始凭证，可按记账凭证的面积尺寸，自下向前折叠，折叠后的原始凭证的上、下辕不超过记账凭证，以利于原始凭证的保存和记账凭证的整齐。注意应把凭证的左上角或左侧面让出来，以便装订后，还可以展开查阅。

对于纸张面积过小的原始凭证，一般不能直接装订，可先按一定次序和类别排列，再粘在一张同记账凭证大小相同的白纸上（粘贴单），粘贴时以胶水为宜。小票应分张排列，同类同金额的单据尽量粘在一起，同时，在一旁注明张数和合计金额。

对于纸张面积略小于记账凭证的原始凭证，可以用回形针或大头针别在记账凭证后面，待装订凭证时，抽去回形针或大头针。

有的原始凭证不仅面积大，而且数量多，可以单独装订，如工资单、耗料单等，但在记账凭证上应注明保管地点。

原始凭证是附在记账凭证后的，其排列顺序应与记账凭证所记载的内容顺序一致，不应按原始凭证的面积大小来排序。

2 记账凭证的整理

记账凭证的整理是将所有的应归档的会计凭证收集齐全，并根据记账凭证进行分类（收付转或通用等）和编号的顺序逐张排放好。然后将顺序后的凭证进行纵向或横向归整，折叠整齐，并用凭证夹固定。

2.3.2 会计凭证的装订

经过整理后会计凭证应按期装订成册，并加具封面，注明应填列的内容，由装订人在装订线封签处签名或盖章。

会计凭证的装订，首先要清除从属物件（订书针、曲别针、大头针等）；其次是按适当厚度（1.5～2 厘米）分成若干本；最后是装订成册，填写封面。

会计凭证的装订可采用角订法，也可采用侧订法。

1. 角订法

角订法是常用的装订方法，是先将包角纸的角对准整理好的凭证的左上角，反面向上，然后在虚线处打眼、装订、包角。包角的要求是按虚线折叠后剪去左上角，从上方包向背面，再从左方包向背面，用糨糊粘紧，最后盖章。装订时，首先将全部凭证以左上角为准对齐，在左上角正面放一块长宽各约 9 厘米的正方形牛皮纸，将牛皮纸对折为 4 块，剪掉左上角的那块，将右下角与凭证的左上角对齐；其次将凭证左上角的直角边 4 厘米处折叠一等腰直角三角形，取其斜边三等份上中间两点钻孔，穿入装订绳，绕两圈，在封底打上结；再次将牛皮纸右上角和左下角两小块反折到凭证封底，粘在打好的结上，将结压在里面；最后由装订人盖上骑缝章，并在脊背上填写时间与编号。角订法如图 2-1 所示。

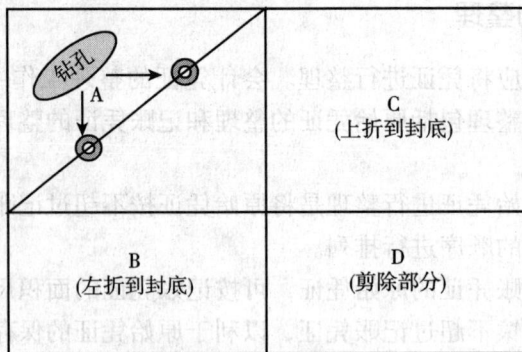

图 2-1　角订法及包角牛皮纸装订示意图

2. 侧订法

侧订法是在会计凭证左侧包装的方法。装订时加装一张纸附在封面上（比封面长、反面朝上）以底边和左侧对齐，在左侧打 3 个孔，将线从中孔中引出并留扣，再将线两端从两侧孔穿过，并套进中间的留扣中，用于拉紧系好，剪掉余绳。最后，将复底纸翻转后涂糨糊将左侧和底部粘牢即可。

◆ 课 后 练 习 ◆

1. 复习思考

（1）原始凭证的要素包括哪些内容？

（2）记账凭证的要素有哪些？

（3）会计凭证的作用是什么？

（4）简述原始凭证的审核所包括的内容。

（5）简述原始凭证的分类方法。

2. 技能练习

1）填制下列原始凭证

（会计主体：武汉华夏公司。账号：123456。开户行：工行湖里支行。业务单位：广州星光公司。账号：221002。开户行：广州流花支行。武汉汉西公司。账号：125587。开户行：工行汉西支行。上海浦东公司。账号：456789。开户行：工行浦东支行。）

（1）2008年2月5日，收到汉西公司现金支票一张，金额2 500元，填制进账单，办理进账手续。

（中国工商银行）进账单（回单）　　　　1

年　月　日

付款人	全　称		收款人	全　称												此联是开户银行交给持票人的回单
	账　号			账　号												
	开户行			开户行												
金额	人民币（大写）				亿	千	百	十	万	千	百	十	元	角	分	
	票据种类															
	票据张数															
	复核　　记账							开户银行签章								

（2）2008年2月6日，出纳张新填制现金支票，提取现金1 000元备用。

（3）2008年2月8日职工李继出差借款800元，付现金。填制一张借款单。

借 款 单

年 月 日　　　　　　　　　　　　第　号

借款部门		姓名		事由	
借款金额（大写）	万 仟 佰 拾 元 角 分				￥
部门负责人签署		借款人签章		注意事项	一、凡借用公款必须使用本单 二、第三联为正式借据由借款人和单位负责人签章 三、出差返回后三天内结算
单位领导批示		审核意见			

第三联、记账凭证

（4）2008 年 2 月 15 日开出转账支票，支付所欠汉西公司货款 6 410 元。

银行　(网)
转账支票存根
56891001
附加信息
_____
_____
出票日期　年　月　日

收款人	
金 额	
用 途	

单位主管　会计

转账支票	(闽) 厦门	56891001
出票日期(大写)　年　月　日	付款行名称	
收款人：	出票人账号	
人民币（大写）	亿 千 百 十 万 千 百 十 元 角 分	
用途		

本支票付款期限十天

上列款项请从我账户内支付
出票人签章

复核　　记账

（5）2008 年 2 月 15 日向广州流花公司电汇 80 000 元预付货款。

中国工商行　　银行电汇凭证（回单）　　　1

委托日期　年　月　日

汇款人	全 称		收款人	全 称			
	账 号			账 号			
	汇出地点			汇入地点	省	市/县	
汇出行名称			汇入行名称				
金额	人民币（大写）			亿 千 百 十 万 千 百 十 元 角 分			

中国工商银行 湖里支行 转讫章	支付密码	
	附加信息及用途：	
汇出行签章	复核：　　记账：	

此联汇出行给汇款人的回单

（6）2008 年 2 月 18 日向上海浦东公司销售商品，货款 23 400 元，代垫运费 1 000 元，采用委托收款，办妥手续。

托收凭证 （受理回单）　　　　　　　1

委托日期　　年　　月　　日

业务类型		委托收款（□邮划、□电划）　　托收承付（□邮划、□电划）																	
付款人	全　称			收款人	全　　称														
	账　号				账　号														
	地　址	省　市县　开户行			地　址	省　市县　开户行														
金额	人民币（大写）					亿	千	百	十	万	千	百	十	元	角	分			
款项内容			托收凭据名　称			附寄单证张数													
商品发运情况			合同名称号码																
备注：		款项收妥日期																	
					收款人开户银行签章														
复核　　记账		年　　月　　日			年　　月　　日														

（7）2008 年 2 月 18 日向银行申请签发金额 5 000 元的本票。

银行签发本票

申请书（存　根）　　　①

申请日期　　年　　月　　日

收款单位或个人名称	
申请 签发　本票金额（大写）	
申请单位或个人名称	
申请单位或个人地址（或账号）　　　　本票号码	
申请单位或个人（签章或预留印章）　　银行出纳　　复核　　经办	

（8）2008 年 2 月 19 日职工出差回来报差旅费共 700 元，其中车费 200 元、住宿费 300 元、补助 150 元、其他 50 元。

差旅费报销单

服务部门			姓名			出差天数	自 月	日至 月	日共 天				
出事 差由						借旅 支费	日期				金额￥		
							结算金额						

出发			到达			起地点	交通费	行李费	旅馆费	住勤费	途中 伙食费	
月	日	时分	月	日	时分							
合 计				万	仟	佰	拾	元	角	分	￥	
主管			会计			出纳			报销人			

（9）2008 年 2 月 20 日填制汇票申请，向银行申请办理金额 100 000 元的汇票（收款单位：广州流花公司）。

汇票申请书（存根） 第 号

申请日期 年 月 日

申请人		收款人											
账号或地址		账号或地址											
用途		代理付款行											
汇款金额	人民币 （大写）				千	百	十	万	千	百	十	元	角	分

备注：

科　　目 _____
对方科目 _____
账务主管　复核　经办

此联申请人留存

（10）2008 年 2 月 22 日收到职工李俊还款 200 元，开出收据。

收 款 收 据　　No. 0049002

年 月 日

今收到_____	
交来：_____	
金额（大写）：　拾　万　仟　佰　拾　元　角　分	
￥_____　□现金 □支票 □信用卡 □其他	收款 单位（盖章）
核准　　　会计　　　记账　　　出纳　　　经手人	

第一联存根

（11）2008 年 2 月 23 日销售 A 商品 10 件，含税货款 1 170 元，开出普通发票。

商业企业专用发票

存 根 联

111000521011

客户名称：　　　　　　　　　　支票号：　　　　　　　　　　　　No

编号	商品名称	规格	单位	数量	单价	金　额							
						十	万	千	百	十	元	角	分
小 写 金 额 合 计													
大写金额		拾　万　仟　佰　拾　元　角　分											

开票单位（盖章）　　　　　　　　　　开票人　　　　　　　　年　月　日

一、存根联

（12）2008 年 2 月 24 日向武汉汉西公司销售商品 50 件，不含税货款 10 000 元，开出增值税专用发票。

300067120　**增值税专用发票**　　No. 05872917

发 票 联　　开票日期：200 年 月 日

购货单位	名　　称：锡惠动力机厂 纳税人识别号：320201796350436 地址、电话：梁溪市锡惠路35号 88752369 开户行及账户：中国工商银行 360540				密码区		
货物或应税劳务名称	规格型号	单位	数量	单价	金额	税率	税额
B 材料		只	20	33.50	670.00	17%	113.90
合计					¥ 670		¥ 113
价税合计（大写）	柒佰捌拾叁元玖角整			（小写）783.90			
销货单位	名　　称：迅达配件厂 纳税人识别号：320205685343605 地址、电话：永定路12号 83367123 开户行及账户：商业银行 06－231879			备注			

收款人：　　　　复核人：　　　　开票人：张相卫　　　　销货单位：（章）

第二联：发票联 购货方记账凭证

（13）2008 年 2 月 25 日从广州购进的材料验收入库（甲材料 10 吨，单价 1 000 元）。

收 料 单

年　月　日　　　　　　　　　　　　　　　　　　　　　编码：

材料编号	材料名称	规格	材质	单位	数　量		实际单价	材料金额	运杂费	合计（材料实际成本）
					发货票	实收				
供货单位				结算方法			合同号		计划单价	材料/计划成本
备注										

主管：　　　　质量检验员　　　　仓库验收　　　　经办人

第一联：仓库（黑色）；第二联：记账（红色）；第三联：送料人（绿色）

（14）2008 年 2 月 28 日生产车间领用 A 材料 15 吨，单价 1 200 元。

出 库 单　　No. 0013152

年　月　日　　　　　连续号＿＿＿＿

物资类别			

提货单位或领货部门		发票号码或生产单号码		发出仓库	出库日期

编号	名称及规格	单位	数量		单价	金额	备注
			要数	实发			
合　计							

财务部门　　　记账　　　保管部门　　　发货　　　单位部门　　　制单
　主　　管　　　　　　　　主　　管　　　　　　　　主　　管

（一）留存联

（15）2008 年 2 月 28 日，将当天零星销售受到现金 3 219.65 元存入银行，填制存款单。

银行现金存款凭条

年　月　日

收款人	全　称		款项来源	
	账　号		交款人	
	开户行			

金额大写（币种）			百	十	万	千	百	十	元	角	分

票面	张数	金额	票面	张数	金额	
100 元			5 角			
50 元			2 角			
20 元			1 角			
10 元			5 分			
5 元			2 分			
2 元			1 分			
1 元			复核：　　　　经办：			

第一联　银行核对联

2）根据上述业务，填制记账凭证

（1）使用专用记账凭证填制（式样如下）。

收 款 凭 证

字第 号

借方科目：　　　　　　　　　　年 月 日

摘　要	对方科目		借或贷	金　额										√
	总账科目	明细科目		千	百	十	万	千	百	十	元	角	分	
														□
														□
														□
														□
														□
														□
合　　计														□

附单据 张

会计主管：　　记账：　　出纳：　　复核：　　制单：　　收款人：

付 款 凭 证

字第 号

借方科目：　　　　　　　　　　年 月 日

摘　要	对方科目		借或贷	金　额										√
	总账科目	明细科目		千	百	十	万	千	百	十	元	角	分	
														□
														□
														□
														□
														□
														□
合　　计														□

附单据 张

会计主管：　　记账：　　出纳：　　复核：　　制单：　　收款人：

转 账 凭 证

字第　　号

2007年01月16日

摘　要	总账科目	明细科目	借方金额										贷方金额										附单据
			亿	千	百	十	万	千	百	十	元	角	分	亿	千	百	十	万	千	百	十	元	角	分	
职工报费用清洗设备	管理费用																								☐
	其他应收款	张三																							☐
																									☐
																									☐
																									☐
																									☐
合　计																									☐

附单据　　张

会计主管:　　　记账:　　　出纳:　　　复核:　　　制单:

（2）使用通用记账凭证填制（式样如下）。

通用记账凭证

字第　　号

年　月　日

摘　要	总账科目	明细科目	借方金额										贷方金额										√	附单据
			亿	千	百	十	万	千	百	十	元	角	分	亿	千	百	十	万	千	百	十	元	角	分	
																									☐
																									☐
																									☐
																									☐
																									☐
																									☐
																									☐
合　计																									☐

附单据　　张

会计主管:　　　记账:　　　出纳:　　　复核:　　　制单:

3）认识下列原始凭证，说明其证明的经济业务内容，编制记账凭证

（1）商业企业专用发票。

河北省 **商业企业专用发票**

发票联

客户名称：华北股份有限公司

111000521011

No. 12233

编 号	商品名称	规 格	单 位	数 量	单 价	金 额 十 万	千	百	十	元	角	分
	水性笔		支	150	2.00			3	0	0	0	0
	打印纸	A4	张	1 000	0.20			2	0	0	0	0
	小 写 金 额 合 计						￥	5	0	0	0	0

大写金额 零拾零万零仟伍佰零拾零元零角零分

开票单位（盖章） 开票人 李立 2007 年 3 月 19 日

（2）差旅费报销单。

差旅费报销单

服务部门	管理部门		姓名	赵敏		出差天数		自 3 月 10 日至 3 月 15 日共 6 天				
出事 差由	培训					借旅 支费	日期				金额 ￥ 0.00	
							结算金额 ￥ 1 700.00					

出发			到达			起地点	交通费	行李费	旅馆费	住勤费	途中 伙食费	出差补贴
月	日	时分	月	日	时分							
4	10		4	10		厦门—福州	100.00					800.00
4	15		4	15		福州—厦门	100.00					
4	10		4	15					500.00		200.00	
合 计			零 万壹 仟柒 佰零 拾零 元零 角零 分 ￥ 1 700.00									
主管 王刚			会计			出纳 刘鸿			报销人	赵敏		

（3）银行进账单。

（ 工商银行 ）**进账单**（回单）

2007 年 3 月 12 日

1

付 款 人	全 称	南方软件有限公司	收 款 人	全 称	兴业证券交易所
	账 号	410008866390022		账 号	410005555623002
	开户行	工行中山支行		开户行	工行滨北支行

金额	人民币（大写）肆仟壹佰捌拾壹元整		亿	千	百	十	万	千	百	十	元	角	分
								￥	4	1	8	1	0	0

票据种类				工行中山支行 转讫	开户银行签章
票据张数					
		复核 记账			

此联是开户银行交给持票人的回单

二、存根联

（4）银行转账支票存根。

工商银行 (网)
转账支票存根

56891001

附加信息

出票日期2007年3月12日

收款人	兴业证券交易所
金　额	¥4 181.00
用　途	手续费

单位主管李力　会计王群

（5）成交过户交割凭单。

成交过户交割凭单　　买

股票编号：000488	成交证券：
电脑编号：6655144	成交数量：200 000
公司代号：6652	成交价格：10.60
申请编号：669852	成交金额：2 120 000.00
申报时间：10：30	标准佣金：1 000.00
成交时间：10：32	过户费用：1.00
上次余额：0 股	印花税：3 180.00
本次成交：200000 股	应付余额：2 124 181.00
本次余额：200000 股	最终金额：
附加费用：4181.00	实付金额：2 124 181.00

经办单位：　　　　　　　　　　客房盖章：

（6）银行现金支票及其存根。

中国　银行 (网)

现金支票存根

56891001

附加信息

出票日期2007年7月15日

收款人	南方软件有限公司
金　额	¥58 500.00
用　途	工资

单位主管张丽　会计刘美

中国银行　现金支票 (闽)　厦门　56891001

本支票付款期限十天

出票日期(大写) 贰零零柒 年零柒　月壹拾伍　日　付款行名称　中国银行湖里支行
收款人：南方软件有限公司　　　　出票人账号驶 98522105541022

人民币(大写)	伍万捌仟伍佰元整	亿	千	百	十	万	千	百	十	元	角	分
					¥	5	8	5	0	0	0	0

用途 工资
上列款项请从
我账户内支付
出票人签章

复核　　　记账

（7）委托收款凭证。

委托收款凭证　（受理回单）　　　　**1**

委托日期 2007 年 5 月 23 日

| 业务类型 | 委托收款（□邮划、☑电划）　托收承付（□邮划、□电划） | | | | | | | | | | | | | | | | |

付款人	全　称	武汉青山化工厂					收款人	全　称	南方软件有限公司								
	账　号	955800011220						账　号	98522105541022								
	地　址	江苏 省 南京 市县			开户行	工行南京朝阳街支		地　址	福建 省 厦门 市县			开户行	中国银行湖里支行				

| 金额 | 人民币（大写） | 玖万元整 | | | | 亿 | 千 | 百 | 十 | 万 | 千 | 百 | 十 | 元 | 角 | 分 |
| | | | | | | | | | ¥ | 9 | 0 | 0 | 0 | 0 | 0 | 0 |

款项内容	货款	托收凭据名　称	发票	附寄单证张数	壹张
商品发运情况	已发运	合同名称号码	购货字 653322100		

备注：

款项收妥日期

收款人开户银行签章

年　月　日　　　　　　　　年　月　日

复核　记账

（8）增值税专用发票。

320063170　　　　　**厦门　增值税专用发票**　　　　NO

发　票　联　　　　　　　开票日期：2007 年 5 月 23 日

购货单位	名　　　称：武汉青山化工厂 纳税人识别号：360155421025402 地址、电话：江苏南京朝阳街 158 号 开户行及账户：工行南京朝阳街支行 955800011220			密码区			
货物或应税劳务名称	规格型号	单位	数量	单价	金额	税率	税额
财会教学软件		套	2	38 461.54	76 923.08	17%	13 076.92
合计					76 923.08		¥ 13 076.92
价税合计（大写）		玖万元整		（小写）¥ 90 000.90			
销货单位	名　　　称：南方软件有限公司 纳税人识别号：35066984111001 地址、电话：厦门市嘉禾路 226 号、0592－9852210 开户行及账户：中国银行湖里支行、98522105541022			备注			

收款人：　　　　复核：　　　　开票人：　　　　　　销货单位：（章）

（9）银行电汇凭证。

中国银行电汇凭证（回单）

委托日期 2007 年 3 月 12 日

<table>
<tr><td rowspan="4">付款人</td><td>全　称</td><td colspan="3">南方软件有限公司</td><td rowspan="4">收款人</td><td>全　称</td><td colspan="2">北京奥普科技有限公司</td></tr>
<tr><td>账　号</td><td colspan="3">98522105541022</td><td>账　号</td><td colspan="2">11114544454444</td></tr>
<tr><td>汇出地点</td><td colspan="3">福建 省 厦门 市/县</td><td>汇入地点</td><td colspan="2">省 北京 市/县</td></tr>
<tr><td>汇出行名称</td><td colspan="3">中国银行湖里支行</td><td>汇入行名称</td><td colspan="2">北京市商业银行海淀支行</td></tr>
</table>

金额	人民币（大写） 陆万元整	亿	千	百	十	万	千	百	十	元	角	分
						￥	6	0	0	0	0	0	0

中国银行
湖里支行
转讫章

支付密码

附加信息及用途

货款

汇出行签章　　复核：　记账：

此联汇出行给汇款人的回单

（10）固定资产验收单。

固定资产验收单

2007 年 3 月 12 日　　　　　　　　　　　　　　　　编号 12

名　称	规格型号	来源	数量	购（造）价	使用年限	预计残值
电脑	DELL	采购	10	60 000.00	5	0
安装费	月折旧率	建造单位	交工日期		附　件	
	1.67%		2007 年 3 月 12 日			

验收部门	仓库	验收人员	王哲	管理部门	管理部	管理人员	张文
备　注							

（11）增值税专用发票。

3200063170　　　　　**北京市　增值税专用发票**　NO

发票联　　　　　　　　　　开票日期：2007 年 3 月 12 日

购货单位	名　　称：南方软件有限公司 纳税人识别号：35066984111001 地址、电话：厦门市嘉禾路 226 号、0592-9852210 开户行及账户：中国银行湖里支行、98522105541022				密码区			
货物或应税劳务名称	规格型号	单位	数量	单价	金额	税率	税额
电脑	DELL	台	10	5 128.214	51 282.14	17%	8 717.96
合　计					51 282.14		8 717.96
价税合计（大写）　　陆万元整				（小写）￥60 000.00			
销货单位	名　　称：北京奥普科技有限公司 纳税人识别号：655222110000 地址、电话：北京市海淀区福州路 32 号 开户行及账户：北京市商业银行海淀支行、11114544454			备注	软 件 有 限		

收款人：　　复核：　　开票人：张励　　销货单位（章）：

第二联：发票联 购货方记账凭证

（12）商业承兑汇票。

商业承兑汇票　　　　　　2

第 12 号

出票日期　　贰零零柒　年零伍月贰拾伍日
（大写）

付款人	全　称	鹭兴财经学院			收款人	全　称	南方软件有限公司												
	账　号	955778887878				账　号	98522105541022												
	开户银行	北京市交通银行海仓支行				汇入地点	中国银行湖里支行												

金额	人民币 （大写）	捌元整	亿	千	百	十	万	千	百	十	元	角	分
						￥	4	8	0	0	0	0	0

汇票到期 （大写）	贰零零柒年捌月贰拾伍日	付款人 开户行	行号		12
交易合同号码	购合字 060501 号		地址		北京海淀区海仓路 89 号

本汇票经承兑到期无条件付款	本汇票予以承兑于到期日付款
（财务专用章：兴财经学院 鹭 财务专用章） 王大径	承兑人签章 承兑日期 2007 年 5 月 25 日

此联寄付款人开户行随委托收款　持票人开户行转付款　凭证寄付款人开户行

（13）增值税专用发票。

320063170　　　　　　　**厦门　增值税专用发票**　　　　　　No

（记账联）

开票日期：2007年5月8日

购货单位	名　　称：鹭兴财经学院 纳税人识别号：340588124125874 地 址、电话：北京市海仓区 256 号、655211 开户行及账户：北京市交通银行海仓支行、955778887878	密码区	

货物或应税劳务名称	规格型号	单位	数量	单价	金额	税率	税额
教学软件		套	1	41 025.64	41 025.64	17%	6 974.36
合计					41 025.64		6 974.36

价税合计（大写）	肆万捌仟元整	（小写）￥ 48 000.00

销货单位	名　　称：南方软件有限公司 纳税人识别号：35066984111001 地 址、电话：厦门市嘉禾路 226 号、0592－9852210 开户行及账户：中国银行湖里支行、98522105541022	备注

收款人：　　　　复核：　　　　开票人：张晴　　　　销货单位（章）：

（14）增值税专用发票。

320063170　　　　　　　　**厦门　增值税专用发票**　　　　　　No

开票日期：2007年5月8日

购货单位	名　　称：南方软件有限公司 纳税人识别号：35066984111001 地址、电话：厦门市嘉禾路226号、9852210 开户行及账户：中国银行湖里支行、98522105541022				密码区	
货物或应税劳务名称 A材料	规格型号	单位 件	数量 40	单价 180.00	金额 7 200.00	税率 17%	税额 1 224.00
合计					7 200.00		1 224.00

价税合计（大写）	捌仟肆佰贰拾肆元整	（小写）￥8 424.00

销货单位	名　　称：长虹发展有限公司 纳税人识别号：3502110000101020 地址、电话：厦门市商业街540号、4879547 开户行及账户：厦门农行东湖分理处445558888777	备注	虹　发　展　有　限　公

收款人：　　　　复核：　　　　开票人：张励　　　　销货单位（章）：

（15）收料单。

收　料　单

2007年5月10日　　　　　　　　　　　　　　　　　　　　　　　　　编码：10

材料编号	材料名称	规格	材质	单位	数量		实际单价	材料金额	运杂费	合计（材料实际成本）
					发货票	实收				
01	A材料			件	40	40	180.00	7 200.00		7 200.00
供货单位	长虹发展有限公司	结算方法		支票	合同号				计划单价	材料/计划成本
备注		190.00								7 600.00

主管：李号　　　质量检验员：张容　　　仓库验收：李甜　　　　　　　　　经办人：张洁

第一联：仓库（黑色）；第二联：记账（红色）；第三联：送料人（绿色）

（16）转账支票。

中国 银行 （网）
转账支票存根
56891001

附加信息 _____

出票日期2007年5月8日

收款人	长虹发展有限公司
金　额	￥8 424.00
用　途	货款

单位主管张丽　会计刘美

中国银行 转账支票　（闽）　厦门　56891001

本支票付款期限十天

出票日期(大写) 贰零零柒 年零伍　月壹捌　日　付款行名称 中国银行湖里支行
收款人: 长虹发展有限公司　出票人账号 98522105541022

人民币(大写)	捌仟肆佰贰拾肆元整	亿	千	百	十	万	千	百	十	元	角	分
							￥8	4	2	4	0	0

用途货款
上列款项请从
我账户内支付
出票人签章

复核　　记账

第3章 账簿处理技能

【学习目标】

通过学习，明确出纳账簿的处理程序；熟练掌握设置启用方法和登记规则技巧；合理运用查错与改错方法处理出纳账簿中的错误。

【重点内容】

（1）出纳账簿的登记规则与方法。

（2）出纳账簿日清月结与对账操作技巧。

（3）出纳日记账错误的查找与更正方法。

3.1 出纳账簿的期初处理技能

出纳账簿的期初处理是指出纳人员工作过程中所涉及的会计账簿的设置、启用与更换等一系列相关工作的处理。

3.1.1 出纳账簿的构成

会计账簿是以会计凭证为依据，连续、系统、全面记录和反映经济业务事项的内容，以相互联系的具有专门格式的账页组成的簿籍。设置和登记会计账簿是会计方法的重要组成部分。

出纳账簿是会计账簿的重要组成部分，是由出纳人员根据审核无误的原始凭证及有关记账凭证，按时间的先后顺序逐日逐笔进行登记或对某些经济业务进行补充登记的账簿。

出纳人员在进行会计处理过程中应设置的账簿主要有现金日记账、银行存款日记账和备查账等。

1. 现金日记账

现金日记账由出纳人员根据与现金收付有关的记账凭证，按时间顺序逐日逐笔进行登记的账簿，根据"上日余额＋本日收入－本日支出＝本日余额"的公式，逐日结出库存现金余额，与库存现金实存数核对，以检查每日现金收付是否有误。

2. 银行存款日记账

银行存款日记账是由出纳人员根据与银行存款收付有关的记账凭证，按时间顺序逐日逐笔进行登记的账簿，用于核算和监督每日银行存款的收入、支出和结余情况。银行存款日记账应按企业在银行开立的账户和币种分别设置，每个银行账户设置一本日记账。由出纳人员根据与银行存款收付业务有关的记账凭证，按时间先后顺序逐日逐笔进行登记。

3. 备查账

备查账是对某些在日记账或分类账中都不能登记或登记不详细的经济业务事项进行补充登记时使用的账簿，包括支票领购登记簿、应收应付票据备查簿等，其格式可由各单位根据需要自行确定。

（1）支票领购登记簿。支票领购登记簿是用于详细登记支票的购买、签发、作废等具体情况的备查账。登记时应登记支票的编号、金额、经手人和时间等。

（2）应收应付票据备查簿。应收应付票据备查簿逐笔登记每一应收票据、应付票据的种类、号数、出票日期、票面金额、票面利率、交易合同号，付款人、承兑人、背书人的姓名或单位名称，到期日、背书转让日、贴现日期、贴现率、贴现净额、未计提的利息，以及收款日期和收回金额、退票情况等资料。应收票据到期结清票款或退票后，应当在备查簿内逐笔注销。

3.1.2　出纳账簿的启用

出纳账簿是重要的会计档案。为了确保账簿记录的合法性和完整性，明确记账责任，在启用出纳账簿时，应当在账簿封面上写明单位名称和账簿名称，并在账簿扉页上附启用表，表内详细载明：单位名称、账簿名称、账簿编号、账簿页数、启用日期、记账人员和会计主管人员姓名，并加盖有关人员的签章和单位公章。更换记账人员时，应办理交接手续，在交接记录内填写交接日期和交接人员姓名并签章，具体格式如表3-1所示。出纳账簿属于订本式账簿。启用订本式账簿，应当从第一页到最后一页顺序编定页数，不得跳页、缺号。

表 3 - 1　账簿启用和经管人员一览表

账簿名称：　　　　　单位名称：
账簿编号：　　　　　账簿册数：
账簿页数：　　　　　启用日期：
会计主管：　　　　　记账人员：

移交日期			移交人		接管日期			接管人		会计主管	
年	月	日	姓名	签章	年	月	日	姓名	签章	姓名	签章

3.1.3　出纳账簿的更换

根据我国有关法规的规定，每个会计年度开始时，都必须启用新账簿。出纳日记账必须每年更换一次，在年终进行结账时，应将其年末余额以同方向直接记入新启用的账簿之中，新旧账簿之间进行的余额结转，不需要编制记账凭证。出纳备查账可根据需要进行更换。

3.2　出纳账簿的日常处理技能

出纳账簿的日常处理是指出纳人员对出纳账簿进行登记等具体工作。出纳账簿的日常处理要注意记账规则和登记方法等方面的要求。

3.2.1 日记账的登记规则

日记账是出纳人员根据经济业务发生和完成时间的先后顺序逐日逐笔登记的账簿。出纳人员在登记日记账时，必须严格遵守下列规则。

（1）根据复核无误的收、付款记账凭证记账。现金出纳人员在办理收、付款时，应当对收款凭证和付款凭证进行仔细复核，并以经过复核无误的收、付款记账凭证和其所附原始凭证作为登记现金日记账的依据。

（2）所记载的内容必须同会计凭证相一致，不得随便增减。每一笔账都要记明记账凭证的日期、编号、摘要、金额和对应科目等。日记账应逐笔分行记录，不得将收款凭证和付款凭证合并登记，也不得将收款、付款相抵后以差额登记。登记完毕，应当逐项复核，复核无误后在记账凭证上的"账页"一栏内作出"过账"符号"√"，表示已经登记入账。

（3）逐笔、序时登记日记账，做到日清月结。为了及时掌握现金收、付和结余情况，现金日记账必须当日账务当日记录，并于当日结出余额；有些现金收、付业务频繁的单位，还应随时结出余额，以掌握收、支计划的执行情况。

（4）必须连续登记，不得跳行、隔页，不得随便更换账页和撕去账页。现金日记账采用订本式账簿，其账页不得以任何理由撕去，作废的账页也应留在账簿中。在一个会计年度内，账簿尚未用完时，不得以任何借口更换账簿或重抄账页。记账时必须按页次、行次、位次顺序登记，不得跳行或隔页登记，如不慎发生跳行、隔页时，应在空页或空行中间划线加以注销，或者注明"此行空白"、"此页空白"字样，并由记账人员盖章，以示负责。

（5）文字和数字必须整洁清晰、准确无误。

（6）使用钢笔，以蓝、黑色墨水书写，不得使用圆珠笔（银行复写账簿除外）或铅笔书写。但按照红字冲账凭证冲销错误记录及会计制度中规定用红字登记的业务可以用红色墨水记账。

（7）每一账页记完后，必须按规定办理转页手续。在每一账页登记完毕结转下页时，应结出本页发生额合计数及余额，写在本页最后一行和下页第一行的有关栏内，并在摘要栏注明"过次页"和"承前页"字样。也可以在本页最后一行用铅笔字结出发生额合计数和余额，核对无误后，用蓝、黑色墨水在下页第一行写出上页的发生额合计数和余额，在摘要栏内写上"承前页"字样，不再在本页最后一行写"过次页"的发生额和余额。

（8）现金日记账必须逐日结出余额，每月月末必须按规定结账。现金日记账不得出现贷方余额（或红字余额）。

（9）记录发生错误时，必须按规定方法更正。为了提供在法律上有证明效力的核算资料，保证日记账的合法性，账簿记录不得随意涂改，严禁刮、擦、挖、补，或者使用化学药物清除字迹。发现差错必须根据差错的具体情况采用划线更正、红字更正、补充登记等方法更正。

3.2.2 日记账的登记方法

1. 现金日记账的登记

1）登记依据与格式

现金日记账是由出纳人员根据审核后的现金收、付款凭证和从银行提取现金编制的银行付款凭证，逐日逐笔顺序登记的账簿。现金日记账采用订本式账簿形式，账页采用收入（借方）金额、支出（贷方）金额和结余金额3栏，其格式如表3-35所示。

2）登记方法与要求

（1）日期栏。日期栏是指记账凭证的日期，其应与现金实际收付日期一致。

（2）凭证字号栏。凭证字号栏是指登记依据的凭证种类及号数。例如，现金收款凭证5号，即简写为"现收5"；银行付款凭证5号，即简写为"银付5"等。

（3）对方科目栏。对方科目栏是指现金收入的来源科目或现金支出的用途科目。例如，用现金支付员工工资，其用途科目（对方科目）为"应付职工薪酬"；收回多余的差旅费用，其来源科目（对方科目）为"其他应收款"。其作用是了解现金收付的来龙去脉。

（4）摘要栏。摘要栏简要说明登记入账的现金收付业务的内容。

（5）收入、支出、结余金额栏。收入、支出、结余金额栏是指现金实际收、付、余的金额。收到现金记"收入金额"栏；付出现金记"支出金额"栏；每天终了则在"结余金额"栏结出余额，月终要计算出本月现金收付的金额合计，并在"结余金额"栏结出本月余额，即所谓的"日清月结"。

3）多栏式现金日记账

为了克服三栏式日记账的缺点，经济业务较多，货币资金收付频繁的单位可使用多栏式现金日记账。

多栏式现金日记账是将收入金额栏和支出金额栏，按对应科目各设若干专栏，用以序时、分类反映与现金收支有关的经济业务。

在登记多栏式现金日记账时，如果是现金收入，要将金额记入"对应账户贷方"栏内，同时记入"现金收入合计"栏内；如果是现金支出，则要将金额记入"对应账户借方"栏内，同时记入"现金支出合计"栏内。每月终了，应在"余额"栏内结出现金余额。

多栏式现金日记账是按照与现金收入相对应的贷方账户和与现金支出相对应的借方账户分别设置专栏，用以序时、分类反映与现金收支有关的经济业务。

多栏式现金日记账和多栏式银行存款日记账是登记总账的直接依据。多栏式现金日记账减少了登记总账的工作量，可以反映货币资金的来龙去脉。但当日记账专栏设置较多，账页过长时，会带来登记不方便的问题。

多栏式现金日记账的栏目可根据《企业会计准则——现金流量表》中对现金流量的分类和企业的实际经济业务内容而进行设置。

2. 银行存款日记账的登记

1）登记依据与格式

银行存款日记账是由出纳人员根据审核后的银行收、付款凭证和将现金缴存银行而编制的现金付款凭证，逐日逐笔顺序登记的账簿。银行存款日记账采用订本式账簿形式，账页采用收入（借方）金额、支出（贷方）金额和结余金额3栏，其格式与现金日记账基本相同。

2）登记方法与要求

（1）日期栏。日期栏是指记账凭证的日期，其应与银行存款实际收付日期一致。

（2）凭证字号栏。凭证字号栏是指登记依据的凭证种类及号数。

（3）对方科目栏。对方科目栏是指银行存款收入的来源科目或银行存款支出的用途科目。例如，用银行存款支付广告费用，其用途科目（对方科目）为"销售费用"；销售产品取得销售收入，其来源科目（对方科目）为"主营业务收入"。其作用是了解银行存款收付的来龙去脉。

（4）摘要栏。摘要栏简要说明登记入账的银行存款收付业务的内容，要求文字简单精练，同时能说明业务内容。

（5）收入、支出、结余金额栏。收入、支出、结余金额栏是指现金实际收、付、余的金额。收到银行存款记"收入金额"栏；付出银行存款记"支出金额"栏；每日终了则在"结余金额"栏结出余额，月终要计算出本月现金收付的金额合计，并在"结余金额"栏结出本月余额，即所谓的"日清月结"。

3. 日记账的登记技能及运用

【例3－1】某企业2007年元月上旬发生以下经济业务，出纳人员根据业务编制的记账凭证如表3－2至表3－34所示。

表3－2　业务1的记账凭证

收款凭证

收　字号1　号

借方科目：库存现金　　　　　　　　2007年1月1日

摘　要	对方科目		借或贷	金额									√
	总账科目	明细科目		千	百	十	万	千	百	十	元	角	分	
销售商品	主营业务收入	汇票存款	贷				1	3	7	6	2	3	9	☐
	应交税费	应交增值税(销项税)						2	3	3	9	6	1	☐
														☐
														☐
														☐
														☐
合　　计					¥	1	6	1	0	2	0	0	☐

附单据1张

会计主管：　　　记账：　　　出纳：罗红　　　复核：　　　制单：王元海　　　收款人：

表3－3　业务2的记账凭证

付款凭证

付　字号1　号

贷方科目：库存现金　　　　　　　　2007年1月1日

摘　要	对方科目		借或贷	金额									√
	总账科目	明细科目		千	百	十	万	千	百	十	元	角	分	
销售款送存银行	银行存款						1	6	1	0	2	0	0	☐
														☐
														☐
														☐
														☐
														☐
合　　计					¥	1	6	1	0	2	0	0	☐

附单据1张

会计主管：　　　记账：　　　出纳：罗红　　　复核：　　　制单：王元海　　　收款人：

表3-4 业务3的记账凭证

收 款 凭 证

收 字号2 号

借方科目: 银行存款　　　　　　　2007年1月1日

摘 要	对方科目		借或贷	金 额										√
	总账科目	明细科目		千	百	十	万	千	百	十	元	角	分	
销售商品收到货款	主营业务收入		贷			6	0	6	5	0	0	0	0	☐
	应交税费	应交增值税(销项税)				1	0	3	1	0	5	0		☐
														☐
														☐
														☐
合　　　计					￥	7	0	9	6	0	5	0		☐

附单据2张

会计主管:　　　记账:　　　出纳: 罗红　　　复核:　　　制单: 王元海　　　收款人:

表3-5 业务45的记账凭证

付 款 凭 证

付 字号2 号

贷方科目: 银行存款　　　　　　　2007年1月1日

摘 要	对方科目		借或贷	金 额										√
	总账科目	明细科目		千	百	十	万	千	百	十	元	角	分	
申请签发银行发票	其他货币资金	银行汇票存款			2	5	0	0	0	0	0	0	0	☐
														☐
														☐
														☐
														☐
														☐
合　　　计					￥	2	5	0	0	0	0	0	0	☐

附单据1张

会计主管:　　　记账:　　　出纳: 罗红　　　复核:　　　制单: 王元海　　　收款人:

表3-6 业务5的记账凭证

付 款 凭 证

付　字号3　号

贷方科目: 银行存款　　　　　　　2007年1月1日

摘　要	对方科目		借或贷	金　额										√
	总账科目	明细科目		千	百	十	万	千	百	十	元	角	分	
支付汇票手续费	财务费用	手续费								2	5	5	0	☐
														☐
														☐
														☐
														☐
														☐
合　　计									￥	2	5	0	0	☐

附单据1张

会计主管:　　记账:　　出纳: 罗红　　复核:　　　制单: 王元海　　收款人:

表3-7 业务6的记账凭证

付 款 凭 证

付　字号4　号

贷方科目: 库存现金　　　　　　　2007年1月1日

摘　要	对方科目		借或贷	金　额										√
	总账科目	明细科目		千	百	十	万	千	百	十	元	角	分	
支付招待费	销售费用	招待费						1	3	4	0	0	0	☐
														☐
														☐
														☐
														☐
														☐
合　　计								￥	1	3	4	0	0	0	☐

附单据1张

会计主管:　　记账:　　出纳: 罗红　　复核:　　　制单: 王元海　　收款人:

表3-8 业务7的记账凭证

付 款 凭 证

付 字号 5 号

贷方科目: 银行存款　　　　　2007年1月1日

摘　要	对方科目		借或贷	金额										√
	总账科目	明细科目		千	百	十	万	千	百	十	元	角	分	
预借差旅费	其他应收款	孙忠全						3	0	0	0	0	0	☐
														☐
														☐
														☐
														☐
														☐
合　　计								¥	3	0	0	0	0	0	☐

附单据1张

会计主管:　　记账:　　出纳: 罗红　　复核:　　制单: 王元海　　收款人:

表3-9 业务8的记账凭证

收 款 凭 证

收 字号 3 号

贷方科目: 库存现金　　　　　2007年1月2日

摘　要	对方科目		借或贷	金额										√
	总账科目	明细科目		千	百	十	万	千	百	十	元	角	分	
销售商品	主营业务收入						1	2	3	0	5	9	8	☐
	应交税费	应交增值税(销项税额)						2	0	9	2	0	2	☐
														☐
														☐
														☐
														☐
合　　计							1	¥	4	3	9	8	0	0	☐

附单据1张

会计主管:　　记账:　　出纳: 罗红　　复核:　　制单: 王元海　　收款人:

表3-10 业务9的记账凭证

付 款 凭 证

付 字号6 号

贷方科目：库存现金　　　　　　　　2007年1月2日

摘 要	对方科目		借或贷	金 额											√
	总账科目	明细科目		千	百	十	万	千	百	十	元	角	分	
将销售款送存银行	银行存款					1	4	3	9	8	0	0		□
														□
														□
														□
														□
														□
合 计					¥	1	4	3	9	8	0	0		□

附单据1张

会计主管：　　　记账：　　　出纳：罗红　　　复核：　　　制单：王元海　　　收款人：

表3-11 业务10的记账凭证

付 款 凭 证

付 字号7 号

贷方科目：银行存款　　　　　　　　2007年1月2日

摘 要	对方科目		借或贷	金 额											√
	总账科目	明细科目		千	百	十	万	千	百	十	元	角	分	
支付委托收款手续费	财务费用	手续费								1	0	5	0	□
														□
														□
														□
														□
														□
合 计									¥	1	0	5	0	□

附单据1张

会计主管：　　　记账：　　　出纳：罗红　　　复核：　　　制单：王元海　　　收款人：

表 3-12 业务 11 的记账凭证

付 款 凭 证

贷方科目: 库存现金　　　　　2007年1月2日

摘　要	对方科目		借或贷	金　额										✓
	总账科目	明细科目		千	百	十	万	千	百	十	元	角	分	
支付零星办公品费	管理费用	办公品费							5	8	5	0	0	☐
														☐
														☐
														☐
														☐
														☐
合　　计								¥	5	8	5	0	0	☐

附单据1张

会计主管:　　记账:　　出纳: 罗红　　复核:　　制单: 王元海　　收款人:

表 3-13 业务 12 的记账凭证

付 款 凭 证

贷方科目: 银行存款　　　　　2007年1月2日

摘　要	对方科目		借或贷	金　额										✓
	总账科目	明细科目		千	百	十	万	千	百	十	元	角	分	
提取备用金	库存现金							4	0	0	0	0	0	☐
														☐
														☐
														☐
														☐
														☐
合　　计								¥	4	0	0	0	0	☐

附单据1张

会计主管:　　记账:　　出纳: 罗红　　复核:　　制单: 王元海　　收款人:

表 3-14　业务 13 的记账凭证

收 款 凭 证

收　字号4　号

借方科目: 库存现金　　　　　2007年1月3日

摘　要	对方科目		借或贷	金　额										√
	总账科目	明细科目		千	百	十	万	千	百	十	元	角	分	
销售商品	主营业务收入						1	0	2	7	3	5	0	☐
	应交税费	应交增值税(销项税额)						1	7	4	6	5	0	☐
														☐
														☐
														☐
														☐
合　　计						¥	1	2	0	2	0	0	0	☐

附单据1张

会计主管:　　记账:　　出纳: 罗红　　复核:　　制单: 王元海　　收款人:

表 3-15　业务 14 的记账凭证

付 款 凭 证

付　字号10　号

贷方科目: 库存现金　　　　　2007年1月3日

摘　要	对方科目		借或贷	金　额										√
	总账科目	明细科目		千	百	十	万	千	百	十	元	角	分	
将销售款送存银行	银行存款						1	2	0	2	0	0	0	☐
														☐
														☐
														☐
														☐
														☐
合　　计						¥	1	2	0	2	0	0	0	☐

附单据1张

会计主管:　　记账:　　出纳: 罗红　　复核:　　制单: 王元海　　收款人:

表 3-16　业务 15 的记账凭证

付 款 凭 证

付　字号11　号

贷方科目：银行存款　　　　　　　2007年1月3日

摘　要	对方科目		借或贷	金　额										√
	总账科目	明细科目		千	百	十	万	千	百	十	元	角	分	
支付广告费	销售费用	广告费						5	0	0	0	0	0	☐
														☐
														☐
														☐
														☐
														☐
合　　　计								¥	5	0	0	0	0	0	☐

附单据2张

会计主管：　　　记账：　　　出纳：罗红　　复核：　　　制单：王元海　　收款人：

表 3-17　业务 16 的记账凭证

付 款 凭 证

付　字号12　号

贷方科目：库存现金　　　　　　　2007年1月3日

摘　要	对方科目		借或贷	金　额										√
	总账科目	明细科目		千	百	十	万	千	百	十	元	角	分	
支付装卸费	管理费用								3	5	0	0	0	☐
														☐
														☐
														☐
														☐
														☐
合　　　计									¥	3	5	0	0	0	☐

附单据1张

会计主管：　　　记账：　　　出纳：罗红　　复核：　　　制单：王元海　　收款人：

表3-18 业务17的记账凭证

收 款 凭 证

收　字号5　号

借方科目：库存现金　　　　　　2007年1月4日

摘　要	对方科目		借或贷	金　额										√
	总账科目	明细科目		千	百	十	万	千	百	十	元	角	分	
销售商品	主营业务收入						1	2	8	3	7	6	1	☐
	应交税费	应交增值税(销项税额)						2	1	8	2	3	9	☐
														☐
														☐
														☐
														☐
合　　计							¥	1	5	0	2	0	0	0	☐

附单据2张

会计主管：　　记账：　　出纳：罗红　　复核：　　　　制单：王元海　　收款人：

表3-19 业务18的记账凭证

付 款 凭 证

付　字号13　号

贷方科目：库存现金　　　　　　2007年1月4日

摘　要	对方科目		借或贷	金　额										√
	总账科目	明细科目		千	百	十	万	千	百	十	元	角	分	
将销售款送存银行	银行存款						1	5	0	2	0	0	0	☐
														☐
														☐
														☐
														☐
														☐
合　　计							¥	1	5	0	2	0	0	0	☐

附单据1张

会计主管：　　记账：　　出纳：罗红　　复核：　　　　制单：王元海　　收款人：

表 3-20 业务 19 的记账凭证

收 款 凭 证

收 字号6 号

借方科目: 银行存款 　　　　2007年1月4日

摘 要	对方科目		借或贷	金 额										√
	总账科目	明细科目		千	百	十	万	千	百	十	元	角	分	
销售商品	主营业务收入				1	8	3	6	0	8	0	0		☐
	应交税费	应交增值税(销项税额)				3	1	2	1	3	3	6		☐
														☐
														☐
														☐
														☐
合 计					¥	2	1	4	8	2	1	3	6	☐

附单据2张

会计主管:　　记账:　　出纳: 罗红　　复核:　　制单: 王元海　　收款人:

表 3-21 业务 20 的记账凭证

付 款 凭 证

付 字号12 号

贷方科目: 库存现金　　　　2007年1月4日

摘 要	对方科目		借或贷	金 额										√
	总账科目	明细科目		千	百	十	万	千	百	十	元	角	分	
付培训费	管理费用							2	9	5	0	0		☐
														☐
														☐
														☐
														☐
														☐
合 计							¥	2	9	5	0	0		☐

附单据1张

会计主管:　　记账:　　出纳: 罗红　　复核:　　制单: 王元海　　收款人:

表 3－22 业务 21 的记账凭证

付 款 凭 证

付　字号 12　号

贷方科目: 库存现金　　　　　　　　2007 年 1 月 4 日

摘　要	对方科目		借或贷	金　额										√
	总账科目	明细科目		千	百	十	万	千	百	十	元	角	分	
购买包装袋	周转材料	包装物						6	6	0	0	0		☐
														☐
														☐
														☐
														☐
														☐
合　　计							¥	6	6	0	0	0		☐

附单据 1 张

会计主管:　　　记账:　　　出纳: 罗红　　　复核:　　　制单: 王元海　　　收款人:

表 3－23 业务 22 的记账凭证

收 款 凭 证

收　字号 7　号

借方科目: 库存现金　　　　　　　　2007 年 1 月 5 日

摘　要	对方科目		借或贷	金　额										√
	总账科目	明细科目		千	百	十	万	千	百	十	元	角	分	
销售商品	主营业务收入						1	0	2	6	6	6	7	☐
	应交税费	应交增值税 (销项税额)						1	7	4	5	3	3	☐
														☐
														☐
														☐
														☐
合　　计							¥	1	2	0	1	2	0	0	☐

附单据 1 张

会计主管:　　　记账:　　　出纳: 罗红　　　复核:　　　制单: 王元海　　　收款人:

表 3 – 24 业务 23 的记账凭证

付 款 凭 证

贷方科目: 库存现金　　　　　　　2007年1月5日

| 摘　要 | 对方科目 | | 借或贷 | 金　额 | | | | | | | | | | √ |
	总账科目	明细科目		千	百	十	万	千	百	十	元	角	分	
将销售款送存银行	银行存款					1	2	0	1	2	0	0		☐
														☐
														☐
														☐
														☐
														☐
合　　计						￥	1	2	0	1	2	0	0	☐

附单据 1 张

会计主管:　　　记账:　　　出纳: 罗红　　　复核:　　　制单: 王元海　　　收款人:

表 3 – 25 业务 24 的记账凭证

收 款 凭 证

借方科目: 银行存款　　　　　　　2007年1月5日

| 摘　要 | 对方科目 | | 借或贷 | 金　额 | | | | | | | | | | √ |
	总账科目	明细科目		千	百	十	万	千	百	十	元	角	分	
收到货款	应收账款						6	7	7	0	7	9	0	☐
														☐
														☐
														☐
														☐
														☐
合　　计						￥	6	7	7	0	7	9	0	☐

附单据 1 张

会计主管:　　　记账:　　　出纳: 罗红　　　复核:　　　制单: 王元海　　　收款人:

表 3 – 26 业务 25 的记账凭证

收 款 凭 证

收　字号9　号

借方科目: 银行存款　　　　　　2007年1月5日

摘　要	对方科目		借或贷	金　额										√
	总账科目	明细科目		千	百	十	万	千	百	十	元	角	分	
销售商品	主营业务收入					7	2	5	7	0	0	0	□
	应交税费	应交增值税(销项税额)				1	2	3	3	6	9	0	□
														□
														□
														□
														□
														□
合　　计				￥	8	4	9	0	6	9	0		□

附单据2张

会计主管:　　记账:　　出纳:罗红　　复核:　　　　制单:王元海　　收款人:

表 3 – 27 业务 26 的记账凭证

付 款 凭 证

付　字号17　号

借方科目: 银行存款　　　　　　2007年1月5日

摘　要	对方科目		借或贷	金　额										√
	总账科目	明细科目		千	百	十	万	千	百	十	元	角	分	
报销差旅费补付现金	销售费用								3	2	0	0	0	□
														□
														□
														□
														□
														□
														□
合　　计								￥	3	2	0	0	0	□

附单据1张

会计主管:　　记账:　　出纳:罗红　　复核:　　　　制单:王元海　　收款人:

表3-28 业务27的记账凭证

付 款 凭 证

付 字号18 号

贷方科目: 银行存款　　　　　　　2007年1月5日

摘　要	对方科目		借或贷	金　额										√
	总账科目	明细科目		千	百	十	万	千	百	十	元	角	分	
付购货款	物质采购					4	7	8	0	0	0	0	0	☐
	应交税费	应交增值税(进项税额)					8	1	2	6	0	0	0	☐
														☐
														☐
														☐
														☐
合　　　计						¥	5	5	9	2	6	0	0	0	☐

附单据2张

会计主管:　　记账:　　出纳: 罗红　　复核:　　制单: 王元海　　收款人:

表3-29 业务28的记账凭证

收 款 凭 证

收 字号10 号

借方科目: 库存现金　　　　　　　2007年1月6日

摘　要	对方科目		借或贷	金　额										√
	总账科目	明细科目		千	百	十	万	千	百	十	元	角	分	
销售商品	主营业务收入						1	4	1	1	7	9	5	☐
	应交税费	应交增值税(销项税额)						2	4	0	0	0	5	☐
														☐
														☐
														☐
														☐
合　　　计							¥	1	6	5	1	8	0	0	☐

附单据1张

会计主管:　　记账:　　出纳: 罗红　　复核:　　制单: 王元海　　收款人:

表 3-30 业务 29 的记账凭证

付 款 凭 证

付　字号19　号

贷方科目：银行存款　　　　　　　　　　2007年1月6日

摘　要	对方科目		借或贷	金　额										✓
	总账科目	明细科目		千	百	十	万	千	百	十	元	角	分	
将销售款送存银行	银行存款					1	6	5	1	8	0	0		□
														□
														□
														□
														□
														□
合　　　计						￥	1	6	5	1	8	0	0	□

附单据1张

会计主管：　　记账：　　出纳：罗红　　复核：　　制单：王元海　　收款人：

表 3-31 业务 30 的记账凭证

付 款 凭 证

付　字号11　号

借方科目：银行存款　　　　　　　　　　2007年1月6日

摘　要	对方科目		借或贷	金　额										✓
	总账科目	明细科目		千	百	十	万	千	百	十	元	角	分	
银行汇票结算余额	其他货币资金	银行汇票					2	2	4	3	5	0	0	□
														□
														□
														□
														□
														□
合　　　计							￥	2	2	4	3	5	0	0	□

附单据1张

会计主管：　　记账：　　出纳：罗红　　复核：　　制单：王元海　　收款人：

表 3 –32 业务 31 的记账凭证

收 款 凭 证

收 字号12 号

借方科目: 银行存款　　　　　　　　　2007年1月6日

摘　要	对方科目		借或贷	金　额										√
	总账科目	明细科目		千	百	十	万	千	百	十	元	角	分	
销售商品	主营业务收入						2	3	4	7	4	0	0	☐
	应交税费	应交增值税 (销项税)						3	9	9	0	5	8	☐
														☐
														☐
														☐
														☐
合　　　计						¥	2	7	4	6	4	5	8	☐

附单据 张

会计主管:　　记账:　　出纳: 罗红　　复核:　　制单: 王元海　　收款人:

表 3 –33 业务 32 的记账凭证

付 款 凭 证

付 字号20 号

贷方科目: 库存现金　　　　　　　　　2007年1月6日

摘　要	对方科目		借或贷	金　额										√
	总账科目	明细科目		千	百	十	万	千	百	十	元	角	分	
付购买卫生纸费用	管理费用								4	9	7	0	0	☐
														☐
														☐
														☐
														☐
														☐
合　　　计								¥	4	9	7	0	0	☐

附单据 1 张

会计主管:　　记账:　　出纳: 罗红　　复核:　　制单: 王元海　　收款人:

表 3 – 34　业务 33 的记账凭证

付 款 凭 证

付　字号20　号

贷方科目：库存现金　　　　　　2007年1月6日

摘　要	对方科目		借或贷	金　额	√
	总账科目	明细科目		千 百 十 万 千 百 十 元 角 分	
购买收银纸	管理费用			8 5 0 0 0	□ 附单据1张
					□
					□
					□
					□
					□
合　　　计				¥ 8 5 0 0 0	□

会计主管：　　记账：　　出纳：罗红　　复核：　　制单：王元海　　收款人：

根据上述经济业务的会计凭证，登记的日记账如表 3 – 35 至表 3 – 38 所示。

注意：登记现金日记账和银行日记账后，在记账凭证对应科目后画上"√"。

表 3 – 35　现金日记账

现金日记账

第 1 号

2007 年		凭证		票据号数	摘　要	借　方			贷　方			余　额			核对
月	日	种类	号数			百 十 万 千 百 十 元 角 分			百 十 万 千 百 十 元 角 分			百 十 万 千 百 十 元 角 分			
01	01				上年结转							3 8 5 0 0 0			
01	01	收	1		销售商品	1 6 1 0 2 0 0						1 9 9 5 2 0 0			
01	01	付	1		销售款送存银行				1 6 1 0 2 0 0			3 8 5 0 0 0			
01	01	付	4		支付招待费				1 3 4 0 0 0			2 5 1 0 0 0			
01	02	收	3		销售商品	1 4 3 9 8 0 0						1 6 9 0 8 0 0			
01	02	付	6		将销售款送存银行				1 4 3 9 8 0 0			2 5 1 0 0 0			
01	02	付	8		支付零星办公品费				5 8 5 0 0			1 9 2 5 0 0			
01	02	付	9		提取备用金	4 0 0 0 0 0						5 9 2 5 0 0			
01	03	收	4		销售商品	1 2 0 2 0 0 0						1 7 9 4 5 0 0			
01	03	付	10		将销售款送存银行				1 2 0 2 0 0 0			5 9 2 5 0 0			
01	03	付	12		支付装卸费				3 5 0 0 0			5 5 7 5 0 0			
01	04	收	5		销售商品	1 5 0 2 0 0 0						2 0 5 9 5 0 0			
01	04	付	13		将销售款送存银行				1 5 0 2 0 0 0			5 5 7 5 0 0			
01	04	付	14		付培训费				2 9 5 0 0			5 2 8 0 0 0			
01	04	付	15		购买包装袋				6 6 0 0 0			4 6 2 0 0 0			
01	05	收	7		销售商品	1 2 0 1 2 0 0						1 6 6 3 2 0 0			
01	05	付	16		将销售款送存银行				1 2 0 1 2 0 0			4 6 2 0 0 0			
01	05	付	17		报销差旅费补付现金				3 2 0 0 0			4 3 0 0 0 0			
					过次页	7 3 5 5 2 0 0			7 3 1 0 2 0 0			4 3 0 0 0 0			

表 3-36 现金日记账

现金日记账　　第1号

2007年		凭证		票据号数	摘要	借方	贷方	余额	核对
月	日	种类	号数			百十万千百十元角分	百十万千百十元角分	百十万千百十元角分	
01	06				承前页	7355200	7310200	430000	
01	06	收	10		销售商品	1651800		2081800	
01	06	付	19		将销售款送存银行		1651800	430000	
01	06	付	20		付购买卫生纸费用		497000	380300	
01	06	付	21		购买收银纸		85000	295300	

表 3-37 银行存款日记账

银行存款日记账

开户行中国银行厦门分行湖滨
账　号3000298222288

2007年		凭证		支票		摘要	借方	贷方	余额
月	日	种类	号数	类别	号数		百十万千百十元角分	百十万千百十元角分	百十万千百十元角分
01	01					上年结转			5587800 0
01	01	付	1			销售款送存银行	1610200		5748820 0
01	01	收	2			销售商品收到货款	7096050		6458425 0
01	01	付	2			申请签发银行汇票		25000000	3958425 0
01	01	付	3			支付汇票手续费		2550	3958170 0
01	01	付	5			预借差旅费		300000	3928170 0
01	02	付	6			将销售款送存银行	1439800		4072150 0
01	02	付	7			支付委托收款手续费		1050	4072045 0
01	02	付	9			提取备用金		400000	4032045 0
01	03	付	10			将销售款送存银行	1202000		4152245 0
01	04	付	11			支付广告费		500000	4102245
01	04	付	13			将销售款送存银行	1502000		4252245
01	04	收	6			销售商品	2148213 6		6400658 6
01	05	付	16			将销售款送存银行	1201200		6520778 6
01	05	收	8			收到货款	6770790		7197857 6
01	05	收	9			销售商品	8490690		8046926 6
01	05	付	18			付购货款		5592600 0	2454326 6
01	06	付	19			将销售款送存银行	1651000		2619506 6
						过次页	5244666 6	8212960 0	2619506 6

表 3 – 38　银行存款日记账

银行存款日记账

| 开户行中国银行厦门分行湖滨 |
| 账　号 3000298222288 |

2007 年		凭证		支票		摘　要	借　方									贷　方									余　额								
月	日	种类	号数	类别	号数		百	十	万	千	百	十	元	角	分	百	十	万	千	百	十	元	角	分	百	十	万	千	百	十	元	角	分
01	06					承前页		5	2	4	4	6	6	6	6		8	2	1	2	9	6	0	0		2	6	1	9	5	0	6	6
01	06	收	11			银行汇票结算余额			2	2	4	3	5	0	0											2	8	4	3	8	5	6	6
01	06	收	12			销售商品			2	7	4	6	4	5	8											3	1	1	8	5	0	2	4

3.2.3　备查账的登记

1. 支票领用登记簿的登记

1）登记方法

支票领用登记簿是记录和反映在特殊情况下空白转账支票领用与报销情况的一种备查账簿。签发空白转账支票原则上不予办理，但在特殊情况下签发不填写金额的转账支票时，须经过单位领导同意，方可签发。

空白转账支票须在事先不能确定采购商品的数量金额和劳务费用的条件下才能签发。签发前要由用款人填写支票领用单，并经单位领导批准，然后由出纳人员签发空白转账支票。签发时，除大小写金额与日期空置外，其他项目都要填写并加盖银行预留印鉴，并向领用人员规定限额与日期。为加强对空白转账支票的管理，明确责任，出纳人员应登记支票领用登记簿，其格式如表 3 – 39 所示。

表 3 – 39　支票领用登记簿

签发日期			支票号码	收款单位	用途	预计金额	领用人	支票实际金额	报销日期	
年	月	日							月	日
2009	10	9	NO. 03546	郢都构件厂	购材料	22 400	许峰	22 294	10	12

出纳10月9日签发支票并填写　　　　领用人填写　　　　出纳10月12日填写

支票领用簿的登记方法如下。

签发时，出纳人员在"支票领用登记簿"上填写签发日期、支票号码、收款单位、用途和预计金额，并由支票领用人在"支票领用登记簿"签名或盖章。

报销时，出纳人员根据支票实际用款数额填写实际用款金额和报销日期。

2）技能运用

【例 3 – 2】2008 年 10 月 9 日，荆丰制造集团公司供销科采购员许峰需带空白转账支票一张，到本市郢都构件厂采购材料，填写"支票领用单"，预计金额22 400元，经本单位经营经理（伍松清）批准，由出纳员林炳泉签发空白转账支票一张（支票号码 NO. 03546）。10月12日，采购员刘强持增值税专用发票抵扣联和发票联，以及转账支票存根到财务科办理报销，实际用款金额22 294元（其中买价18 200元，增值税4 094元）。

出纳人员依据上述资料填制的支票领用登记簿和登记方法如表3－39所示。

2. 应收票据备查簿的登记

1）登记方法

应收票据备查登记簿是用以记录和反映在采用商业汇票结算方式下，销货单位收到购货单位承兑的商业汇票和汇票到期日收回货款或退回承兑商业汇票，以及将商业汇票贴现和转让等情况的一种账簿。其格式可参照表3－40。

表3－40 应收票据备查登记簿

应收票据备查登记簿

9.21: 根据收到的汇票填转账凭证，并登记前3栏。

9.20: 根据增值税专用发票032号登记"产品发出记录"栏。

10.23: 根据收账通知填写银收凭证，登记"已收款"栏。

12.1: 输贴现凭证并填写应收和转账凭证，登记"已贴现"栏。

年

购货单位	合同号码	商业汇票记录					产品发出记录					收款、贴现、转让记录					
		票据种类	签发日期	汇票号码	承兑日期	货款金额	发货日期	发票号码	产品名称	数量	货款金额	已收款		已贴现		已转让	
												日期	余额	日期	余额	日期	被背书单位	余额
荆都	0931	商承	9.20	1019	11.20	20 950	9.20	032	A	70	40 950	10.23	20 950				
荆都	0931	商承	9.20	1020	12.20	20 000								12.1	20 000		
合计																	

购货单位、合同号码、商业汇票记录栏：根据收到的商业承兑汇票填列；产品发出记录栏：根据发货时间和发票填列；收款、贴现、转让记录栏：根据委托收款凭证收款通知联、贴现凭证和票据转让时间、余额填列。

2）技能运用

【例3－3】荆丰公司根据0931号合同规定，荆都商场订购A产品70台，单位售价500元，计35 000元，增值税5 950元，共计40 950元，已开具增值税专用发票。A产品70台连同增值税专用发票抵扣联和发票联，于2008年9月20日一次送达荆都商场。产品发出后，于9月21日，收到该商场9月20日签发并承兑的不带息商业承兑汇票2张，其中第一张号码为NO.1019，承兑日期为11月20日，金额为20 950元；第二张号码为NO.1020，承兑日期为12月20日，金额为20 000元。在10月20日填写委托收款结算凭证，金额为

20 950元，委托开户银行办理托收，于10月23日接到银行转来委托收款收账通知联。因资金不足，企业于12月1日将NO.1020号汇票向银行申请贴现，月贴现率为6%。

根据上述资料，出纳员的会计处理程序和登记要点如表3-40所示。

3. 应付票据备查簿的登记

应付票据备查簿是用以记录和反映在采用商业汇票结算方式下，购货单位承兑的商业汇票和汇票到期日支付款项等情况的一种账簿。其格式可参见表3-41。

表3-41 应付票据备查登记簿

年

收款单位	合同号码	摘要	商业汇票记录								付款记录						备注
			票据种类	汇票号码	签发日期	第一次		第二次		第三次		第一次		第二次		第三次		
						承兑日期	金额	承兑日期	金额	承兑日期	金额	日期	金额	日期	金额	日期	金额	

表3-41的"付款记录"栏根据银行转来的付款通知填写；其他各栏根据经济业务内容填列。

3.3 出纳账簿的期末处理技能

出纳账簿的期末处理是指出纳人员在期末或定期及不定期对日记账簿所进行的对账、结账等项具体工作。

3.3.1 日记账的对账

1. 现金日记账的对账

对账就是对账簿记录的内容进行核对，使账证、账账和账实相符的过程。现金日记账的对账内容及具体操作方法如下。

1）账证核对

账证核对主要是指现金日记账的记录与有关的收、付款凭证进行核对。收、付款凭证是登记现金日记账的依据，账目和凭证应该是完全一致的。但是，在记账过程中，由于工作粗心等原因，往往会发生重记、漏记、记错方向或记错数字等情况。账证核对要按照业务发生的先后顺序一笔一笔地进行。检查的项目主要是核对凭证编号；复查记账凭证与原始凭证，看两者是否完全相符；查对账证金额与方向的一致性；检查如发现差错，要立即按规定方法更正，确保账证完全一致。

2）账账核对

账账核对是指现金日记账与现金总分类账的期末余额进行核对。现金日记账是根据收、付款凭证逐笔登记的，现金总分类账是根据收、付款凭证汇总登记的，记账的依据是相同的，记录的结果应该完全一致。但是，由于两种账簿是由不同人员分别记账，而且总账一般是汇总登记，在汇总和登记过程中，都有可能发生差错；日记账是一笔一笔地记的，记录的次数很多，也难免发生差错。因此，出纳人员应定期出具"出纳报告单"与总账会计进行核对。平时要经常核对两账的余额，每月终了结账后，总分类账各个科目的借方发生额、贷方发生额和余额都已试算平衡，一定要将总分类账中现金本月借方发生额、贷方发生额，以及月末余额分别同现金日记账的本月收入（借方）合计数、本月支出（贷方）合计数和余额相互核对，查看账账之间是否完全相符。如果不符，应先查出差错出在哪一方，如果借方发生额出现差错，应查找现金收款凭证、银行存款付款凭证（提取现金业务）和现金收入一方的账目；反之，则应查找现金付款凭证和现金付出一方的账目。找出错误后应立即按规定的方法加以更正，做到账账相符。

3）账实核对

账实核对是指现金日记账的余额与实际库存数额的核对。出纳人员在每天业务终了以后，应自行清查账款是否相符。首先结出当天现金日记账的账面余额，再盘点库存现金的实有数，看两者是否完全相符。在实际工作中，凡是有当天来不及登记的现金收、付款凭证的，均应按"库存现金实有数＋未记账的付款凭证金额－未记账的收款凭证金额＝现金日记账账存余额"的公式进行核对。核对不符说明当日日记账记录或实际现金收、付有误。在这种情况下，出纳人员一方面应向会计负责人报告，另一方面应对当天办理的收、付款业务逐笔回忆，争取尽快找出差错的原因。

2. 银行日记账的对账

银行存款日记账的对账是账单核对，即将出纳人员登记的存款日记账与开户银行定期打印的客户对账单（银行记录的客户存款情况）进行核对，并编制银行存款余额调节表。

1）对账方法

单位资金存入银行时，单位作为资产核算，银行作为负债核算，双方记录的方向不同；同时还应将上期的银行余额调节表中未达账项分别与日记账、对账单核对，确定未达账项。对账内容与具体方法如下。

（1）日记账的借方和对账单的贷方核对。

（2）日记账的贷方和对账单的借方核对。

（3）上期的银行未达账中企业已收银行未收数与对账单贷方核对，企业已付银行未付数与对账单借方核对。

（4）上期的企业未达账中的银行已收企业未收数与日记账中的借方核对，银行已付企业未付数与日记账的贷方核对。

2）银行余额调节表

通过将银行日记账和对账单逐笔核对，就能找出未达账项，编制银行余额调节表。所谓未达账项，是指由于企业和银行取得银行结算凭证的时间不同，导致记账的时间不同，而发生的一方已经记录入账，另一方尚未记录入账的款项。未达账项包括以下4种类型。

（1）企业已收，银行未收。即企业将款项送存银行，已经作银行存款增加入账，而银行由于尚未办妥手续，未计入企业存款账户。

（2）企业已付，银行未付。即企业已开出票据通知银行付款，企业已作减少银行存款记录，但银行尚未付款记账。

（3）银行已收，企业未收。即银行代收款项时，银行已经收款入账，企业尚未收到收款通知，尚未登记入账。

（4）银行已付，企业未付。即银行已经代企业支付款项，登记入账，但企业尚未收到付款通知，未登记入账的款项。

以上任何一种未达账项的存在，都会使银行日记账和对账单的余额不相符合。出纳人员应根据核对发现的未达账项，编制银行余额调节表。

【例3-4】荆华公司2007年12月下旬银行存款日记账与银行开来的对账单如表3-42和表3-43所示。

表3-42 银行存款日记账

月	日	凭证号	摘要	结算凭证种类	结算凭证号数	对方科目	借方金额	贷方金额	余额
12	21		承前面						380 500
12	21	银付20	购入材料	转变	#3603	材料采购		80 500	300 000
12	26	银付21	支付广告费	转支	#3605	营业费用		40 000	260 000
12	28	银收18	收回货款	委收	#1004	应收账款	20 000		280 000
12	30	银付22	购办公用品	转支	#3607	管理费用		1 000	279 000
12	30	银收19	收回货款	委收	#1005	应收账款	40 000		319 000
12	31	银付23	预付账款	转支	#3618	预付账款		50 000	269 000
12	31	银付20	收回货款	委收	#1007	应收账款	10 000		279 000

表3-43 银行存款对账单

月	日	结算凭证种类	结算凭证号数	摘要	借方金额	贷方金额	余额
12	21			承前页			
12	22	转变	#3603	付购货款	80 500		
12	27	转变	#3605	支付广告费	40 000		
12	29	特转	#1902	存款利息		5 900	
12	29	委托收款	#1004	收同货款		20 000	
12	30	委托收款	#1005	收回货款		40 000	
12	31	特转	#1906	贷款利息	3 000		
12	31			月末余额			322 900

出纳人员将企业12月下旬的银行日记账和对账单进行逐笔核对，发现有以下几笔业务无法核对。

（1）30日，开出转账支票，支付购办公用品费用1 000元，银行尚未入账。

（2）31 日，开出转账支票，支付预付货款 5 000 元，银行尚未入账。

（3）29 日，企业银行存款利息 5 900 元，企业尚未入账。

（4）31 日企业借款利息 3 000 元银行已经划转，但企业尚未入账。

（5）31 日，银行转来委托收款收账通知，收回货款 10 000 元，但银行在下月入账。

经过分析，出纳人员编制的银行存款余额调节表，如表 3 - 44 所示。

表 3 - 44 银行存款余额调节表

银行存款余额调节表

开户银行：中国银行湖里支行　　　账号：3862319　　　　　　　　　　　　2007 年 12 月 31 日止

摘要	入账日期凭证号	金额										摘 要	入账日期凭证号	金额									
		亿	千	百	十	万	千	百	十	元	角	分			亿	千	百	十	万	千	百	十	元	角	分
《银行存款日记账》余额				2	7	9	0	0	0	0	0	《银行对账单》余额				3	2	2	9	0	0	0	0
加：银行已收，企业未收。												加：企业已收，银行未收。											
1	12 月#1902					5	9	0	0	0	1	1	12 月#1007					1	0	0	0	0	0
2												2											
3												3											
4												4											
5												5											
6												6											
7												7											
减：银行已付，企业未付。												减：企业已付，银行未付。											
1	12 月#1906					3	0	0	0	0	1	1	12 月#3607						1	0	0	0	0
2												2	12 月#3618					5	0	0	0	0	0
3												3											
4												4											
5												5											
6												6											
7												7											
8												8											
9												9											
10												10											
11												11											
12												12											
调节后余额				2	8	1	9	0	0	0	0	调节后余额				2	8	1	9	0	0	0	0

3.3.2　日记账的结账

结账是指期末计算并登记各账户的本期发生额合计及期末余额的工作。结账是在全部经济业务登记入账的基础上，按照权责发生制原则对期末账项进行调整、对损益类账户进行结转之后进行的。出纳日记账的结账按照结账的时间可分为月结、季结、年结。

1. 月结

月结是在本月最后一笔经济业务的记录下面划一条通栏红线，在红线下面的一行"摘要"栏内居中注明"本月合计"，同时在该行的"收入"、"付出"和"结存"3 栏分别计算出本月收入、付出合计数和月末结存数，然后在此行下面再划一条通栏红线，表示本月结账工作结束。

2. 季结

季结是在每季最后一个月的月结的下一行"摘要"栏内注明"本季度累计"，在"收入"、"付出"和"结存"3 栏分别计算出本季 3 个月的收入、付出合计数和季度末结存数，然后在此行下面再划一条通栏红线，表示本季结账工作结束。

3. 年结

年结是在本年最后一季度的季结的下一行"摘要"栏内注明"本年累计"，在"收入"、"付出"和"结存"3 栏分别计算出本年收入、付出合计数和年末结存数，然后在此行下面划两条通栏红线，表示本年结账工作结束。最后将余额栏结转下年，即在摘要栏注明"结转下年"字样；在下年度日记账账簿的第一行余额栏内填写上年结转的余额，并在摘要栏注明"上年结转"字样。

3.4 出纳错账的查找与更正

3.4.1 出纳错账的类型与原因

1. 出纳错账的类型

出纳在登记日记账时不可避免会发生一些错误，归纳起来有以下几种类型。

（1）方向错误。在登记日记账时将借贷方向颠倒，将借方记成贷方或将贷方记入借方。

（2）账户错误。将应记的日记账的账户搞错，如将应记入现金日记账记入存款日记账。

（3）数字移位。登记日记账时将金额数位（或小数点）向前或向后。

（4）邻位颠倒。登账时将邻近的金额数字颠倒入账，如将 3 520 记成 3 250 或 5 320 等。

（5）重记漏记。将已经登记入账的金额再次登记或将凭证上金额遗漏未记入日记账。

2. 出纳错账的原因

产生日记账错误的原因，归纳起来有以下两个方面。

（1）账簿记录错误。即出纳人员填制的记账凭证正确无误，但由于登记不慎、粗心笔误或其他原因，而导致的日记账簿记录上文字与数字金额的错误。

（2）凭证填制错误。账簿错误是因出纳人员填制的凭证的错误而引起的，包括凭证会计科目或金额的错误等。

3.4.2 错账的查找方法

查错是一项技术性工作，首先应该确定错误的范围和差数·（正确数字和误记数字的差额），然后把差错的金额和有关情况联系起来寻找线索，逐步缩小范围，使查错工作有针对性地进行。

试算平衡是检查分类账错误的重要方法之一。在借贷记账法下，记账错误主要表现在总分类账借贷金额不平衡，统御账户和所属明细账的发生额及余额不相符。出纳日记账上出现的错误可用以下方法查找。

1. 差数法

差数法是根据错账的差数金额进行查找，以确定错账的方法。其主要适用于重记、漏记错误的查找，如日记账余额为 3 580 元，实际库存现金 3 470 元，差额为 110 元，即可查找现金日记账中是否有收入重记 110 元或付出漏记 110 元。

2. 二除法

二除法是根据错账的差数金额被 2 除尽的商在日记账中进行查找，以确定错账的方法。其主要适用于借贷方向错误的查找，方向记错，其差数正好是记错了方向数字的一倍。例如，差数为 36 元，则 36÷2＝18，则可以在日记账上查找是否有一笔 18 元数字，并观察其借贷方向是否记错。如果是单方向漏过账，则差数即漏过的原数，这也是有可能的。

3. 九除法

九除法是根据错账的差数金额被 9 除尽的商在日记账中进行查找，以确定错账的方法。其主要适用于数位错误即数字移位或邻位颠倒错误的查找。

（1）数字移位。如果移位 1 位，误差 9 倍，差数除以 9 就可以得到正确数或错误数。在小数记成大数的情况下，如 1 误记为 10，差数是 9，9÷9＝1，即正确数；在大数记成小数的情况下，如 1 误记为 0.1，差数是 0.9，0.9÷9＝0.1，即错误数。如果移位 2 位，误差 99 倍，差数除以 9，再除以 11 即除以 99，则得到正确数或错误数，如 207 误记为 2.07，差数是 204.93，先除以 9，再除以 11 得 2.07，即错误数。如果移位 3 位，误差 999 倍，差数除以 9 之后，再除以 111，即除以 999，则得到正确数或错误数。

（2）邻位数字颠倒。可以通过邻位数字颠倒便查表（见表 3－45）进行查找。

表 3－45　邻位数字颠倒便查表

大数颠倒为小数								差	小数颠倒为大数								
89	78	67	56	45	34	23	12	01	9	10	21	32	43	54	65	76	87	98
	79	68	57	46	35	24	13	02	18	20	31	42	53	64	75	86	97	
		69	58	47	36	25	14	03	27	30	41	52	63	74	85	96		
			59	48	37	26	15	04	36	40	51	62	73	84	95			
				49	38	27	16	05	45	50	61	72	83	94				
					39	28	17	06	54	60	71	82	93					
						29	18	07	63	70	81	92						
							19	08	72	80	91							
								09	81	90								

如果将正确数 75 误记为 57，差数为 18，查表 3－45 时，如果是小数颠倒为大数，可查 20 31 42 53 64 75 86 97；如果是大数颠倒为小数，可查 02 13 24 35 46 57 68 79。即在账内查找可能发生上述错误的数字。利用邻位数字颠倒便查表查错时，如果差

数较大，查对工作先在大数目范围内进行；反之，如果差数较小，可先在小数范围内进行。

4. 顺查法

顺查法是按照记账程序从凭证、账簿到余额进行全面逐笔检查的方法。其适用于全面核对和不规则错误的查找。通过上述方法查错，仍未查出错误所在，可能是会计分录编制的错误，或者这个差数实际上是由几笔错账的错误交叉造成的，这样，就得采用顺查法来查找。

查错工作是比较麻烦的。因此，记账工作一定要做到严肃认真、一丝不苟，力求及时、完整、无误。

3.4.3 错账的更正方法

对于日记账中发生的错误，应该采用正确、规范的方法予以更正。不准涂改、挖补、刮擦或用药水涂除字迹，不准重新抄写，应分清原因采用正确的方法进行更正，这些方法主要有以下几种。

1. 划线更正法

在结账前发现账簿记录有文字或数字错误，而记账凭证没有错误，采用划线更正法更正。

更正的方法是在账簿中错误的文字或数字上划一红线，以示注销，然后在错误的文字或数字的上方空白处用蓝字写上正确的文字或数字，并由记账及相关人员在更正处盖章以示负责。需要强调的是，划线时，必须将错误数字全部划销，而不能只划其中个别数码，并应保持原有错误记录仍可辨认，以备查考。

2. 补充登记法

记账后发现记账凭证的会计科目无误，只是所记金额小于应记金额时，采用补充登记法更正。

更正的方法是按少记的金额用蓝字填制一张与原记账凭证应借应贷科目完全相同的记账凭证，"摘要"栏注明"更正＊＊凭证"，并用蓝字据以过账。这样就补记了少记的金额，使全部金额符合实际。

【例 3－5】 将现金 870 元存入银行，在填制记账凭证时，误将金额填为 780 元，并已登记入账。其错误分录如下。

（1）借：银行存款　　　　　　　　　　　　　　　　　　　　　　　　　　780

　　　　　贷：库存现金　　　　　　　　　　　　　　　　　　　　　　　　　　780

更正时，应将少记的金额用蓝字填制一张与原错误记账凭证所记的会计科目、记账方向相同的记账凭证，并据以用蓝字登记入账，用以补充原少记的金额。

（2）借：银行存款　　　　　　　　　　　　　　　　　　　　　　　　　　　90

　　　　　贷：库存现金　　　　　　　　　　　　　　　　　　　　　　　　　　　90

有关账簿记录如下。

借　　库存现金　　贷		借　　银行存款　　贷	
	（1）780	（1）780	
	（2）90	（2）90	

3. 红字更正法

红字更正法一般适用于以下两种情况。

（1）记账后在当年内发现记账凭证会计科目无误而所记金额大于应记金额，从而引起记账错误。更正的方法是用红字（金额用红字）按多记的金额填制一张应借应贷会计科目与原错误凭证相同的记账凭证，在"摘要"栏内注明"冲销＊＊凭证多记金额"，并据以用红字登记入账，以冲销多记的金额。

【例3-6】 生产车间生产产品领用原材料5 000元，填制记账凭证时，将金额误记为50 000元，并已登记入账。其错误分录如下。

（1）借：生产成本　　　　　　　　　　　　　　　　　　　　　　　　50 000
　　　　贷：原材料　　　　　　　　　　　　　　　　　　　　　　　　　50 000

为了更正有关账户已经多记45 000元的错误，应用红字填制一张记账凭证。其分录如下。

（2）借：生产成本　　　　　　　　　　　　　　　　　　　　　　　（45 000）
　　　　贷：原材料　　　　　　　　　　　　　　　　　　　　　　　（45 000）

将上列更正错误的记录登记入账后，则有关账户中的原错误记录即得到更正。有关账簿记录如下。

借　　原材料　　贷		借　　生产成本　　贷	
（1）50 000		（1）50 000	
（2）（45 000）		（2）（45 000）	

（2）记账后在当年内发现记账凭证所记的会计科目错误从而引起记账错误。更正方法是先用红字填制一张与原错误凭证相同的记账凭证，"摘要"栏注明"冲销＊＊凭证"，并据以用红字登记入账，冲销原来的错误记录，然后用蓝字填制一张正确的记账凭证，"摘要"栏内注明"更正＊＊凭证"，并用蓝字据以登记入账。

【例3-7】 采购人员报销差旅费500元，以现金付给。填制记账凭证时，误将"管理费用"科目填为"物资采购"，并已登记入账。其错误分录如下。

（1）借：材料采购　　　　　　　　　　　　　　　　　　　　　　　　　500
　　　　贷：库存现金　　　　　　　　　　　　　　　　　　　　　　　　　500

发现这种错误时，应先用红字填制一张记账凭证（金额用红字）并用红字登记入账。其会计分录如下。

（2）借：材料采购　　　　　　　　　　　　　　　　　　　　　　　　　500
　　　　贷：库存现金　　　　　　　　　　　　　　　　　　　　　　　　　500

这样，就冲销了错误记录。同时，再用蓝字填制一张正确的记账凭证，并以蓝字登记入账。其会计分录如下。

（3）借：管理费用　　　　　　　　　　　　　　　　　　　　　　　　　500
　　　　贷：库存现金　　　　　　　　　　　　　　　　　　　　　　　　　500

将上述更正错误的记录记入有关账户后，则有关账户的错误记录得到更正，有关账簿记录如下。

借 库存现金 贷	借 材料采购 贷	借 管理费用 贷
（1）500	（1）500	
（2）500	（2）500	
（3）500		（3）500

4. 差错更正方法在出纳账簿中的具体应用

现金日记账和银行日记账每天计算余额，如果记账凭证编制正确，出纳在登记现金日记账、银行日记账时错误，并且错误没有及时发现，在月底对账时发现。按照以上讲述的错账更正方法——划线更正法进行更正，必须将错账记录后面直至月底的余额全部划线更正，这样必将影响出纳账簿的美观。在更正这类错误时，可将上述几种方法结合起来，更正出纳账簿。

例如，出纳在登记银行日记账时，将5日的业务"借：管理费用324.00；贷：银行存款324.00。"误记为"342.00"，管理费用账户登记正确，没有及时发现银行日记账记账错误，在月底和银行对账单对账时发现。如果采用划线更正法更正错账，更正银行存款日记账的工作量大，且影响其美观。

更正方法分为以下几个步骤。

（1）假定记账凭证错误，更换凭证。更换凭证的分录为："借：管理费用342.00 贷：银行存款342.00。"

（2）采用划线更正法更正管理费用记录，不更改银行日记账记录。

（3）由于前面记账凭证更换后与原始凭证不符，现在的错误是凭证错误，应采用红字冲销法更正。编制一张分录为"借：管理费用342.00 贷：银行存款342.00"的红字凭证，并记账。然后编制一张"借：管理费用324.00 贷：银行存款324.00"并记账。

课 后 练 习

1. 复习思考

（1）简述出纳账簿的登记应遵循的规则及采用的方法。

（2）出纳错账的原因和类型有哪些？怎样查找差错？

（3）错账的更正方法有哪些？

（4）如何完成日记账的对账和日清月结的工作？

2. 技能练习

根据下列业务编制记账凭证，登记日记账。

（1）华光工厂2007年4月份银行存款月初余额为21 000元，现金余额为100元。该厂4月份发生以下经济业务。

①3日，开出现金支票，从银行提取现金100元。

②5日，采购员张某出差到天津购买材料，预借差旅费600元，开出现金支票支付。

③6日，厂部管理人员参加市内业务会议，报销交通费30元。

④ 10 日，开出转账支票付给兴华工厂材料款共 7 020 元。其中，材料价款 6 000 元，增值税款 1 020 元。

⑤ 12 日，向五金商店购入辅助材料一批，价款 200 元，增值税 34 元，以转账支票付讫。

⑥15 日，厂部报销购买办公用品费用 25 元，以现金支付。

⑦ 17 日，出售废料收到现金 20 元，当日存入银行。

⑧ 19 日，通过银行汇款至武汉 15 000 元，开立采购专户。

⑨ 23 日，银行转来委托收款结算收款通知，收到湖南支付的货款 234 000 元。其中，价款 20 000 元，增值税款 3 400 元。

⑩ 24 日，开出现金支票 40 000 元，从银行提取现金，备发工资。

⑪ 24 日，以现金 40 000 元支付职工工资。

⑫ 25 日，采购员张某报销差旅费 500 元，余款退回。

⑬ 27 日，银行转来自来水公司托收无承付结算凭证付款通知和有关凭证，支付厂部耗用水电费 700 元。

⑭ 30 日，工厂以银行存款支付电话费 80 元。

要求：

① 根据上述业务填制记账凭证。

② 根据记账凭证登记现金和银行存款日记账。

（2）某企业 2007 年 8 月 31 日银行存款日记账的余额为 165 400 元。银行送来的账单上的银行存款余额为 170 420 元。

① 企业委托银行托收的永乐公司的贷款 6 000 元，银行收妥后记入企业账户，但企业因未收到银行的收账通知而尚未入账。

② 企业于 8 月 30 日送存银行的转账支票 3 800 元，银行尚未登记入账。

③ 银行收取的企业 8 月份手续费 180 元已在对账单上扣除。

④ 企业于 8 月 28 日开出的转账支票 3 000 元，持票人尚未到银行办理转账，银行未入账。

要求：

根据上述资料，编制填写银行存款余额调节表。

第4章 现金业务处理技能

【学习目标】

通过学习，熟知并掌握现金管理的主要工作内容与要求；明确现金收付业务涉及的原始凭证及程序与要求；理解出纳现金收付主要业务要求及流程；掌握现金收付、备用金核算与清查处理的主要技能。

【重点内容】

(1) 现金管理的主要内容。

(2) 现金收付业务主要业务及凭证与处理流程。

(3) 现金收付业务、备用金业务和清查业务的处理。

4.1 现金的管理技能

4.1.1 现金及现金管理

1. 现金

会计核算的现金又称库存现金，是指存放在企业并由出纳人员保管的现钞，包括库存的人民币和各种外币。现金是流动性最大的一种货币资金，可以随时用以购买所需物资，支付日常零星开支和偿还债务等。

需要特别指出的是，在这里"现金"一词是指企业所拥有的硬币、纸币，即由企业出纳人员保管，作为零星业务开支之用的库存现款，但不包括借出的现金。

2. 现金管理

现金管理就是对现金的收、付、存等各环节进行的管理。现金是单位流动性最强的资产，具有现实的购买或支付能力，因而也是犯罪分子谋取的直接目标。因此，加强库存现金的管理，建立健全现金保管制度，是各单位及出纳人员的重要职责。依据《现金管理暂行条例》，现金管理应遵循以下基本原则。

(1) 开户单位库存现金一律实行限额管理。

(2) 不准擅自坐支现金。坐支现金容易打乱现金收支渠道，不利于开户银行对企业的现金进行有效的监督和管理。

(3) 企业收入的现金不准作为储蓄存款存储。

(4) 收入现金应及时送存银行，企业的现金收入应于当天送存开户银行，确有困难的，应由开户银行确定送存时间。

（5）严格按照国家规定的开支范围使用现金，结算金额超过起点的，不得使用现金。

（6）不准编造用途套取现金。企业在国家规定的现金使用范围和限额内需要现金，应从开户银行提取，提取时应写明用途，不得编造用途套取现金。

（7）企业之间不得相互借用现金。

4.1.2 现金管理的内容

企业为保证生产经营活动的正常进行，必须拥有一定数额的现金，用以购买零星材料、发放工资、缴纳税金、支付手续费或进行对外投资活动。但现金又是所有资产中收益率最低的，过多地保留现金将降低单位资产的获利能力。企业现金拥有量是企业偿债支付能力的标志，是投资者分析判断企业财务状况好坏的重要指标。各单位一方面应严格遵守国家现金管理制度的规定，接受开户银行对其现金管理的监督、检查；另一方面从本单位内部管理的角度，也应当加强对现金的管理，把现金结算和现金使用压缩在合理的范围之内。

1. 建立健全现金管理的制度

现金管理制度一般包括钱账分管制度、现金开支审批制度、日清月结制度、现金清查制度、现金保管制度、保险柜的配备使用制度等几个方面的内容。

1）钱账分管制度

钱账分管即管钱的不管账，管账的不管钱。各单位应配备专职或兼职的出纳人员，负责办理现金收付业务和现金保管业务，非出纳人员不得经管现金收付业务和现金保管业务；另外，出纳人员不得兼管稽核、会计档案保管和收入、费用、债权、债务账目的登记工作。建立钱账分管制度，可以使出纳人员和会计人员相互牵制、相互监督，从而减少错误和贪污舞弊的可能性。

当然，管钱的不管账，并不是说出纳人员不能管理任何账。出纳人员在办理现金收付业务和现金保管的同时，要登记现金日记账和编制现金日报表，由会计员登记现金总账；有的单位由出纳人员登记现金账（包括现金总账和日记账），会计员编制现金日报表。但按《会计法》的规定，出纳人员不得兼管稽核、会计档案保管和收入、费用、债权、债务账目的登记工作。

2）现金开支审批制度

各单位应按照《现金管理暂行条例》及其实施细则规定的现金开支范围，并根据本单位的生产经营管理实际，现金收付业务的繁简，以及现金开支的额度等，建立健全现金开支审批制度，以加强现金开支的日常管理。现金开支审批制度一般应包括以下内容。

（1）明确本单位现金开支范围。各单位应按《现金管理暂行条例》及其实施细则的规定，确定本单位的现金开支范围。

（2）制定各种报销凭证，规定报销手续和办法。

（3）确定各种现金支出的审批权限。各单位应根据其经营规模、内部职责分工等，确定不同额度和不同的现金支出审批权限。出纳人员根据按规定权限审核批准并签章的付款凭证及其所附原始凭证，办理现金付款业务。没有经过审核批准并签章的，或者有关人员超越规定权限审批的，出纳人员不予付款。

3）日清月结制度

日清月结是出纳人员办理现金出纳工作的基本原则和要求，也是避免出现长短款的重要措施。所谓日清月结，就是出纳人员办理现金出纳业务，必须做到按日清理、按月结账。

按日清理是指出纳人员应对当日的经济业务进行清理，全部登记日记账，结出库存现金账面余额，并与库存现金实地盘点数核对相符。按日清理应包括以下内容。

（1）清理各种现金收付款凭证，检查单证是否相符。核对各种收付款凭证所填写的内容与所附原始凭证反映的内容是否一致；检查每张单证是否已经盖齐"现金收讫"、"现金付讫"的戳记。

（2）登记和清理日记账。将当日发生的所有现金收付业务全部登记入账，并在此基础上检查账证是否相符，即现金日记账所登记的内容、金额与收付款凭证的内容、金额是否一致。清理完毕后，结出现金日记账的当日库存现金账面余额。

（3）现金盘点。出纳人员应按券别分别清点其数量，然后加总，即可得出当日现金的实存数。将盘点得出的实存数和账面余额进行核对，看两者是否相符。

（4）检查库存现金是否超过规定的现金限额。如实际库存现金超过规定库存限额，则出纳人员应将超过部分及时送存银行；如果实际库存现金低于库存限额，则应及时补提现金。

4）现金清查制度

在由出纳人员自身对库存现金进行检查、清查的基础上，为了加强对出纳工作的监督，及时发现可能发生的现金差错或丢失，防止贪污、盗窃、挪用公款等不法行为的发生，确保库存现金安全完整，各单位应建立库存现金清查制度，由有关领导和专业人员组成清查小组，定期或不定期地对库存现金情况进行清查盘点，重点应放在账款是否相符、有无白条抵库、有无私借公款、有无挪用公款、有无账外资金等违纪、违法行为上。

一般来说，现金清查多采用突击盘点方法。不预先通知出纳人员，盘点时间在一天业务没有开始之前或一天业务结束后，由出纳人员将截止清查时现金收付账项全部登记入账，并结出账面余额，然后与实际盘点的现金结余额核对。

2. 严格遵守现金开支范围的规定

按照国务院发布的《现金管理暂行条例》规定，开户单位可以在下列范围内使用现金。

（1）职工工资、津贴。

（2）个人劳务报酬。

（3）根据国家规定颁发给个人的科学技术、文化艺术、体育等各种奖金。

（4）各种劳保、福利费用，以及国家规定的对个人的其他支出。

（5）向个人收购农副产品和其他物资的价款。

（6）出差人员必须随身携带的差旅费。

（7）结算起点以下的零星支出。

（8）中国人民银行确定需要支付现金的其他支出。

3. 核定限额并管好限额内现金

1）库存现金限额及核定

库存现金限额是指为保证各单位日常零星支付按规定允许留存的现金的最高数额。库存现金的限额，由开户行根据开户单位的实际需要和距离银行远近等情况核定。其限额一般按照开户单位3～5天日常零星开支所需现金确定。远离银行机构或交通不便的开户单位可依据实际情况适当放宽，但最高不得超过15天。

核定库存现金限额是现金管理的一项重要内容。办理库存现金限额的一般程序为：首先，填制现金库存限额申请批准书；然后，报送开户银行签署审查批准意见和核定数额。

库存现金限额一般每年核定一次，单位因生产和业务发展、变化需要增加或减少库存限额时，可向开户银行提出申请，经批准后，方可进行调整，单位不得擅自超出核定限额增加库存现金。

2）限额库存现金的管理

库存现金限额经银行核定批准后，开户单位应当严格遵守，每日现金的结存数不得超过核定的限额。出纳人员在管理限额内的库存现金时，应注意以下几个方面。

（1）超过库存限额以外的现金应在下班前送存银行；如库存现金不足限额时，可向银行提取现金，不得在未经开户银行准许的情况下坐支现金。

（2）为加强对现金的管理，除工作时间需要的小量备用金可放在出纳人员的抽屉内，其余则应放入出纳专用的保险柜内，不得随意存放。

（3）限额内的库存现金当日核对清楚后，一律放在保险柜内，不得放在办公桌抽屉内过夜。

（4）单位的库存现金不准以个人名义存入银行，以防止有关人员利用公款私存取得利息收入，也防止单位利用公款私存形成账外小金库。银行一旦发现公款私存，可以对单位处以罚款，情节严重的，可以冻结单位现金支付。

（5）库存现金包括纸币和铸币，应实行分类保管。各单位的出纳人员对库存票币分别按照纸币的票面金额和铸币的币面金额，以及整数（即大数）和零数（即小数）分类保管。

4.2　现金收支业务处理技能

4.2.1　现金收付业务的凭证及审核

现金收付业务的凭证简称现金收付凭证，包括反映现金收入业务和支付业务的原始凭证和记账凭证，是出纳人员办理现金收入和支付业务的依据。为了确保现金收付业务的合法、真实和准确，出纳人员在办理每笔现金收、付之前，必须对现金收付凭证进行认真、细致的审核。

1. 现金收付的原始凭证及审核

在办理现金收款业务时，不同的单位会涉及多种原始凭证。从银行提取现金时签发的现金支票存根、现金存入银行时填写的送款单、零星小额销售的发票（副本）、发放单位职工工资的工资结算或汇总表、职工预借差旅费，以及基层单位借支备用金的借据、收进职工交款的收据（副联）等。对于这些凭证，出纳人员应从以下几个方面加强审核。

（1）审核现金收付是否符合现金管理制度规定。

（2）审核经济业务是否真实，有无批准人、经办人签章。

（3）进行原始凭证技术性审核，即规定项目是否填写齐全，数字是否准确，手续是否完备。

出纳在办理现金收支业务后，必须在现金收支的原始凭证上加盖"现金收讫"、"现金付讫"的章，费用报销单必须在其附件（费用张贴单）上盖章，以免原始票据被重复使用。

2. 现金收付的记账凭证及复核

现金收付的记账凭证包括现金收款凭证（银行存款付款凭证）、现金付款凭证等。

1）现金收款凭证的复核

（1）现金收款凭证的填写日期是否正确。现金收款凭证的填写日期应为编制收款凭证的当天，不得提前或推后。

（2）现金收款凭证的编号是否正确。现金收款凭证有无重号、漏号或不按日期顺序编号等情况。

（3）现金收款凭证记录的内容是否真实、合法、准确，其摘要栏的内容与原始凭证反映的经济业务内容是否相符。

（4）使用的会计科目是否正确。

（5）复核收款凭证的金额与原始凭证的金额是否一致，原始凭证大小写金额是否相同，有无印章。

（6）复核收款凭证"附单据"栏的张数与所附原始凭证张数是否相符。

（7）收款凭证的出纳、制单、复核、财务主管栏目是否已签名或盖章。

2）现金付款凭证的复核

（1）对于涉及现金和银行存款之间的收付业务，只填制付款凭证，不填制收款凭证。例如，将当日营业款送存银行，制单人员根据现金解款单（回单）编制现金付款凭证，借方账户为银行存款，贷方账户为现金，不再编制银行存款收款凭证。

（2）发生销货退回时，如数量较少，且退款金额在转账起点以下，需用现金退款时，必须取得对方的收款收据，不得以退货发货票代替收据编制付款凭证。

（3）从外单位取得的原始凭证如遗失，应取得原签发单位盖有有关印章的证明，并注明原始凭证的名称、金额、经济内容等，经单位负责人批准，方可代替原始凭证。

4.2.2 出纳办理现金收付业务的手续与流程

出纳办理单位现金收付业务，应按单位编制现金收付计划组织现金收付活动，并按要求履行现金收付的手续。一切现金收入都应开具收款收据，即使有些现金收入已有对方付款凭证，也应开出收据交付款人，以明确经济职责；收入现金签发收据与经手收款，应按要求分开，由两个经办人分工办理，如销货收入应由经销人员负责填制发票单据，出纳人员据以收款，以防差错与作弊；一切现金支出都要有原始凭证，由经办人签名，经主管和有关人员审核后，出纳人员才能据以付款。在付款后，应加盖"现金付讫"戳记，妥善保管。

1. 现金收入业务的处理流程

现金收入的来源不同，收入的程序也不同。

1）出纳直接收款业务的处理流程

缴款人直接到出纳部门缴款，出纳人员根据收款的凭证办理收款事宜。具体处理流程如下。

（1）受理收款业务，查看收款依据手续是否齐全，明确收款的原因是否合理、合法。

（2）按照收款凭证的金额数清点现金，清点时辨认现金的真伪。

（3）开出收款收据，并加盖"现金收讫"章。

（4）以收据的记账联作为原始凭证，编制记账凭证。

（5）根据审核的收款凭证登记现金日记账，在记账凭证上库存现金或合计栏后画"√"。

2）从银行提取现金业务的处理流程

当单位需要使用现金发放工资，或者出纳保管的库存现金少于限额需要补充现金时，除了按照规定可以使用非业务性现金收入坐支外，均应填制现金支票，从银行提取现金。其业务处理程序如下。

（1）签发现金支票。按照现金支票的填制要求填制现金支票，在支票票面上加盖规定的印章。

（2）将填好的现金支票从裁剪线处裁剪，将支票存根作为提取现金的原始凭证。将票面交给银行，作为提取现金的凭证。

（3）按照银行要求提交相关资料。

（4）清点现金数量。清点时应两人在场、注意现金是否破损及真伪。

（5）根据现金支票存根编制记账凭证。

（6）根据审核的记账凭证登记现金日记账，并在记账凭证上画"√"。

3）业务员收款后缴款业务的处理流程

在商品流通企业，由于收款频繁，一般采取由业务员（收银员）分散收款，或者集中收款，定时上缴出纳部门。其现金收入的程序如下。

（1）受理收款业务，查看收款依据（收款清单）手续是否齐全。

（2）计算、确定应收款的金额。如果应收金额中包括已预售款项，从中扣减。

（3）清点、收取现金。

（4）开出收款收据，在收据或清单上加盖"现金收讫"章。

（5）根据现金支票存根编制记账凭证。

（6）根据审核的记账凭证登记现金日记账，并在记账凭证上画"√"。

2. 现金支付业务的处理流程

单位支付现金必须遵守《现金管理暂行条例》的规定，在规定的范围内进行现金支出，在出纳工作中，现金支付包括直接支付现金和支付现金支票两种基本方式。现金支出可以归纳为几种情况：工资薪金类支出、零星业务支出、职工借支、现金存款等。现金支出业务的处理流程如下。

1）工资薪金类支出业务的处理流程

（1）根据工资汇总表计算实发工资。

（2）根据实发工资数填制现金支票，从银行提取现金，按照单位或个人分别装袋。

（3）发放工资时，工资领取人（单位或个人）签名盖章。

（4）根据工资汇总表编制记账凭证。

（5）根据审核的记账凭证登记日记账。

2）职工报账或借支业务的处理流程

（1）受理原始凭证，如费用报销单、借支单。

（2）审核原始凭证。

（3）在原始凭证加盖"现金付讫"章。

（4）清点现金并复核，要求收款人清点现金。

（5）编制记账凭证。

（6）根据审核的记账凭证登记日记账。

3）现金送存业务的处理流程

按照规定，各单位必须按银行核定的库存现金限额保管、使用现金。在日常现金收支业务中，除了按规定可以坐支的现金和非业务性零星收入现金，可以用于补充库存现金限额外，其他业务活动收到的现金及超过库存现金限额的现金，必须及时存入银行。其处理程序如下。

（1）清点存款数。必须按照货币票面分别清点，按照每100张（枚）进行整理。

（2）填写现金存款单（解款单）。现金存款单一式三联，一联回单，银行确认收款后盖章，退回存款单位，作为原始凭证。另两联留银行。

（3）送交存款。

（4）编制记账凭证。

（5）根据审核的记账凭证登记日记账。

4.2.3 现金收付业务的会计核算

1. 现金收入的核算

企业收入现金的主要来源为零星销售收入、从银行账户提取的现金等。

企业应设置"库存现金"账户核算库存现金的增减变化。借方核算库存现金的增加，贷方核算库存现金的减少，余额表示出纳的库存现金余额。

【例4-1】郢众物业管理公司向租住户收取房租，收到现金750元。根据发票编制"现金收款凭证"，作会计分录如下。

借：库存现金   750

    贷：主营业务收入   750

【例4-2】郢众物业管理企业开出现金支票，从银行提取现金300元。根据支票存根，填制付款凭证，作会计分录如下。

借：库存现金   300

    贷：银行存款   300

2. 现金支出的核算

企业应根据现金结算的范围支付现金。其主要的付款范围有：将超过限额的现金存入银行；零星采购支出；支付职工工资奖金；职工及部门备用金借款等。

【例4-3】将超过限额的现金1 000元存入银行时，出纳应填制进账单，根据进账单回单编制付款凭证，作会计分录如下。

借：银行存款   1 000

    贷：库存现金   1 000

【例4-4】零星采购支出。企业的零星采购及向农户支付的农产品收购款项2 000元，使用现金付款。付款时根据采购发票或收购单编制如下会计分录，并在发票、收购单上加盖"现金付讫"章。

借：原材料   1 800

    应交税金   200

　　　　贷：库存现金　　　　　　　　　　　　　　　　　　　　　　　　　2 000

【例4－5】职工工资结算。根据本月工资结算单编制如下会计分录。

借：应付职工薪酬　　　　　　　　　　　　　　　　　　　　　　　　15 000

　　　贷：库存现金　　　　　　　　　　　　　　　　　　　　　　　　15 000

4.3　现金清查与备用金的处理技能

4.3.1　现金清查及处理

　　库存现金清查的主要方法是实地盘点，即以库存现金实有数与现金日记账的账面余额进行核对。现金的清查包括出纳人员的每日清点和清查小组定期和不定期的清查。

　　每日业务终了，出纳人员应清点现金，同时应结出现金日记账的收支和结存余额，并检查现金实际库存与现金日记账的余额是否相符，做到当日账当日结清。

　　根据《企业会计制度》的规定，每日终了结算现金收支、财产清查等发现的有待查明原因的现金短缺或溢余，应通过"待处理财产损溢"科目核算。属于现金短缺的金额，借记"待处理财产损溢——待处理流动资产损溢"科目，贷记"现金"科目；属于现金溢余，按实际溢余的金额，借记"库存现金"科目，贷记"待处理财产损溢——待处理流动资产损溢"科目。待查明原因后做以下处理。

　　（1）如为现金短缺，属于应由责任人赔偿的部分，作"其他应收款"；属于无法查明的其他原因，根据管理权限，经批准后处理，作"管理费用"处理。

　　（2）如为现金溢余，属于应支付给有关人员或单位的，计入"其他应付款——应付现金溢余"；属于无法查明原因的，经批准后计入"营业外收入"。

【例4－6】荆楚公司2009年11月10日由李嶂率清查组对出纳王平的库存现金进行清查，并编制了"库存现金盘点报告表"如表4－1所示，当月15日领导作出了处理批示。

表4－1　库存现金盘点报告表

单位名称：荆楚公司　　　　　　　　　2009年11月10日　　　　　　　　　金额单位：元

实存金额			账存金额	实存与账存对比		备　　注
券别	张数	金额		盘盈	盘亏	
100元	15	1 500	2 940		305	
50元	15	750				因出纳保管不善，赔偿短缺金额的40%，其余按规定进行处理！
20元	12	240				
10元	11	110				余艳丽
5元	7	35	差异原因：不明			11.15
合计	60	2 635				
盘点人：李嶂			出纳员：王平			

　　则，出纳人员2009年11月10日，应根据"库存现金盘点报告表"作如下会计处理。

借：待处理财产损溢——待处理流动资产损溢　　　　　　　　　　　305

     贷：库存现金   305

2009 年 11 月 15 日，根据领导在报告表上所作的指示，作如下会计处理。

  借：其他应收款——应收现金短缺款（王平）   183

    管理费用——现金短缺   122

    贷：待处理财产损溢——待处理流动资产损溢   305

4.3.2　备用金及核算

1. 备用金及种类

  备用金是指企业预付给职工和内部有关单位用作差旅费、零星采购和日常零星开支等事后需要报销的款项。

  备用金按备用形式可分为定额备用金和非定额备用金两种。定额备用金是企业对实行定额备用金的单位先核定发放其定额，今后报销费用时直接记入费用账户，补足其定额，其特点是一次领用、定期报销、简化核算、补足定额；非定额备用金是指用款单位根据实际需要向财会部门借款，凭各种支付凭证向财会部门报销时，作为冲减备用金处理。如需再用，则要重新办理借款手续。这种方法适用于预借差旅费等备用金的管理。

2. 备用金的核算

1）定额备用金的核算

【例 4 - 7】东环物业管理公司对公共服务部实行定额备用金制度，核定限额为 5 000 元。

（1）以现金拨付时。根据拨付清单，作会计分录如下。

  借：其他应收款——备用金（公共服务部）   5 000

    贷：库存现金   5 000

（2）某月公共服务部持单据从财会部门报销办公费用及娱餐费等 2 800 元。根据报销单据编制付款凭证，作会计分录如下。

  借：管理费用   2 800

    贷：库存现金   2 800

（3）企业决定收回定额备用金时，根据收款凭证，作会计分录如下。

  借：库存现金   500

    贷：其他应收款——备用金（公共服务部）   500

2）非定额备用金（普通备用金）的核算

【例 4 - 8】职工张强出差采购物品，预支备用金 200 元，出差返回报销差旅费 180 元，并交回多余现金 20 元。

（1）领出备用金时，根据付款凭证，作会计分录如下。

  借：其他应收款——备用金（张强）   200

    贷：库存现金   200

（2）报销差旅费时，根据差旅费报销单，作会计分录如下。

  借：管理费用   180

    库存现金   20

    贷：其他应收款——备用金（张强）   200

课后练习

1. 复习思考

（1）简述现金管理的主要工作内容。

（2）现金管理制度由哪些内容构成？其主要规定是什么？

（3）现金收付有哪些主要业务？涉及哪些原始凭证，出纳应如何正确处理这些业务？

（4）备用金有几种？其作用分别是什么？

2. 技能练习

永芳制造厂××年7月上旬发生以下几笔与现金有关的经济业务。

①7月1日填制现金支票，从银行提取现金1 000元。

②7月2日业务员张华因公出差申请借款500元。

③7月5日办公室借定额备用金2 000元。

④7月7日职工张华出差回来，报销费用300元还款，归还余款200元。

⑤7月8日收到零星收入1 000元，送存银行。

⑥7月10日办公室报销费用600元，补足备用金。

要求：

（1）简述出纳在办理上述业务时的流程与手续。

（2）根据上述业务编制记账凭证。

第5章　银行存款业务处理技能

【学习目标】

通过学习，熟知银行结算的账户与票据印鉴的基本内容及管理方法；掌握银行账户开设的方法和程序；理解并熟练运用银行不同结算方式的程序和运用技巧，并能针对不同结算方式进行准确及时的会计核算。

【重点内容】

(1) 账户的开设与使用流程及规范。

(2) 票据与印鉴的管理内容与要求。

(3) 票据结算方式的操作处理流程与运用。

(4) 凭证结算方式的操作处理流程与运用。

(5) 主要银行结算方式的出纳办理程序与核算技能。

5.1　银行结算的管理技能

5.1.1　银行账户的管理

1. 银行账户及种类

银行账户是各单位为办理结算和申请贷款在银行开立的户头，也是单位委托银行办理信贷和转账结算及现金收付业务的工具。各单位通过银行与其他单位办理转账结算，必须设立银行账户，根据《银行账户管理办法》，银行账户分为基本存款账户、一般存款账户、临时存款账户和专用存款账户。

1）基本存款账户

基本存款账户是存款人办理日常转账结算和现金收付的账户，是各独立结算单位或实行独立核算企业在银行开立的主要账户。按照规定每一存款人只能在银行开立一个基本存款账户，主要用于办理日常的转账结算和现金收付，企事业单位的职工薪酬等现金性支取只能通过此账户办理。

2）一般存款账户

一般存款账户是存款人在基本存款账户以外的银行开立的账户，是与基本存款账户的存款人不在同一地点的附属非独立核算单位开立的账户。存款人可以通过账户办理转账、结算和存入现金，但不能支取现金。

3）临时存款账户

临时存款账户是指存款人因临时经营活动需要开立的账户。存款人可以通过该账户办理转账结算和根据国家现金管理规定办理现金收付。

4）专用存款账户

专用存款账户是指存款人因特定用途而开立的账户。

2. 银行账户的开设与使用

1）银行账户的设置原则

（1）一个基本账户原则。即存款人只能在银行开立一个基本存款账户，不能多头开立基本存款账户。存款人在银行开立基本存款账户，实行由中国人民银行当地分支机构核发开户许可制度。企事业单位只有在开设了基本账户后，才能按规定开设其他各类账户。

（2）自愿选择原则。即存款人可以自主选择开立账户的银行，银行也可以自愿选择存款人开立账户。任何单位和个人不得强制干预存款人和银行开立或使用账户。

（3）存款保密原则。即银行必须依法为存款人保密，维护存款人资金的自主支配权。除国家法律规定和国务院授权中国人民银行总行的监督项目外，银行不代任何单位和个人查询、冻结、扣划存款人账户内存款。

2）银行账户的开设程序

新建企业或公司在取得工商行政管理部门颁发的营业执照后，可选择办公地点附近的银行申请开设自己的结算账户。办理银行结算账户的基本程序如下。

（1）填写开户申请书。各单位要在银行开立账户必须向开户行提出申请，填写"开户申请表"。开户申请表由银行统一印制，其主要内容有：申请开户单位的名称、开户证明文件日期、申请开户单位的性质、工商行政管理局批文号、单位办公地址和电话、生产经营范围等。

各单位在申请开户时，应详细填写申请表上的各项内容。填写完毕后，要加盖本单位全称公章。

（2）提交有关的证明文件。开户申请人在填好开户申请表后，将其报送有关单位审查。审查同意后，审查单位要出具证明文件，并加盖证明公章。

企业到银行办理开户，必须向银行提交其主管部门出具的证明，以及当地工商行政管理机关核发的"企业法人营业执照"或"营业执照"及其他相关证明材料。

（3）填制并提交印鉴卡片。开户单位在提交开户申请书和有关单位证明的同时，应填写开户银行的印鉴卡片。印鉴卡片上填写的户名，必须与单位名称一致，在卡片上还要加盖单位公章，单位负责人或财务机构负责人及出纳人员印章。同时，卡片上的印鉴也明确了开户行的责任，以保障银行的权利不受侵犯。

（4）开户银行审查。开户银行对开户单位提交的开户申请书、有关证明、印鉴卡片、会计人员的"会计证"等文件，应根据有关规定进行审查。经银行审查同意后，确定账号，登记开户，发放有关各种结算凭证。

3）银行账户的使用规定

银行账户是各单位与其他单位通过银行办理结算和现金收付的重要工具。为了维护金融秩序，保证各项经济业务的正常开展，各单位应加强对银行账户的使用和管理。企事业单位使用银行账户，必须遵守以下规定。

（1）认真贯彻执行国家的政策、法令，遵守银行关于信贷、结算和现金管理等方面的规定。在银行对单位账户进行检查时，必须提供账户使用情况的有关资料。

（2）单位在银行开立的账户，只供本单位业务经营范围内的资金收付，不许出租、出借或转让给其他单位或个人使用。

（3）各种收付款凭证，必须如实填明款项来源或用途，不得巧立名目，弄虚作假；不得套取现金，套购物资；严禁利用账户搞非法活动。

（4）各单位在银行的账户必须有足够的资金保证支付，不准签发空头的付款凭证和远期的支付凭证，不许套取银行信用。

（5）及时、正确地记载银行往来账务，并及时地与银行寄送的对账单进行核对，发现不符，尽快查对清楚。

3. 银行账户的变更、撤销、合并和迁移

1）账户变更

开户单位由于人事变动或其他原因需要变更单位财务专用章、财务主管印鉴或出纳人员印鉴的，应填写"更换印鉴申请书"，并出具有关证明，经银行审查同意后，重新填写印鉴卡片，并注销原预留的印鉴卡片。

开户单位因某些原因需要变更账户名称，应向银行交验上级主管部门批准的正式函件，企业单位和个体工商户需交验工商行政管理部门登记注册的新执照，经银行审查核实后，变更账户名称，或者撤销原账户，重立新账户。

2）撤销、合并账户

开户单位因机构调整、合并、撤销、停业等原因，需要撤销、合并账户的，应向银行提出申请，经银行同意后，才可办理撤销、合并手续。由于撤销账户单位未交回空白凭证而产生的一切问题，应由撤销单位自己承担责任。

3）迁移账户

开户单位办公或经营地点搬迁时，应到银行办理迁移账户手续。开户单位如果迁入迁出在同一城市，可以凭迁出行出具的凭证到迁入行开立新户。

另外，按照规定，连续一年以上没有发生收付活动的账户，开户银行经过调查认为该账户无须继续保留，即可通知开户单位来银行办理销户手续，开户单位接通知后一个月内必须办理，逾期不办理者可视为自动销户，存款有余额的将作为银行收益。

5.1.2 票据与印鉴管理

票据是由出票人无条件地承诺由自己或者委托他人支付一定金额的有价证券，按照《票据法》的规定，票据包括汇票、本票和支票等。印鉴是为了防止假冒、辨别真伪，在支付款项的开户银行内预留供核对印章的依据。印鉴是企业财权证书，其代表单位支配资金的权利。管理好单位的票据和印鉴是出纳人员的重要职责。

1. 票据的管理

1）票据行为的管理

票据行为是指票据当事人以发生票据债务为目的的、以在票据上签名或盖章为权利义务成立要件的法律行为，包括出票、背书、承兑和保证4种。

（1）出票。出票是指出票人签发票据并将其交付给收款人的行为。出票时要依法在票据上记载票据相关的内容即确定票据的记载事项，这是出票行为的重要内容。票据记载事项一般分为绝对记载事项、相对记载事项和任意记载事项等。绝对记载事项是指《票据法》明文规定必须记载的，如不记载，票据即为无效的事项，如票据名称、出票日期、确定金额等；相对记载事项是指《票据法》规定应该记载而未记载，适用法律的有关规定而不使票据失效的事项，如付款日期、付款地点等；任意记载事项是指《票据法》不强制当事人必须记载而允许当事人自行选择，不记载时不影响票据效力，记载时则产生票据效力的事项，如违约金、转让与否和银行账号等。此外，有的票据还规定有不得记载事项，票据上记载这些事项的，记载无效，如支票的付款日期等。

（2）背书。背书是指收款人或持票人为将票据权利转让给他人或者将一定的票据权利授予他人行使而在票据背面或者粘单上记载有关事项并签章的行为。按目的不同分为转让背书和非转让背书，转让背书的票据，背书应当连续，即票据转让过程中转让票据的背书人和受让汇票的被背书人的签章依次前后衔接。

（3）承兑。承兑是指汇票付款人承诺在汇票到期日支付汇票金额并签章的行为。承兑是汇票特有的行为，本票和支票都不存在承兑问题。承兑是指汇票的付款人按照票据法的规定，在汇票上记载一定的事项，以表示愿意支付汇票金额的票据行为。

（4）保证。保证是指票据债务人以外的人，为担保特定债务人履行票据债务而在票据上记载有关事项并盖章的行为。保证人对合法取得票据的持有人所享有的票据权利承担保证责任，被保证的票据，保证人应当与被保证人对持票人承担连带责任，保证人清偿债务后可以行使持票人对被保证人及前手的追索权。保证是汇票、本票上的行为，支票没有保证。

2）票据签章的管理

票据上的签章是指票据有关当事人在票据上签名、盖章或签名加盖章的行为。如果票据缺少当事人的签章，将导致票据无效或该项票据行为无效。票据签章是票据行为生效的重要条件，也是票据行为的具体表现形式，票据签章因票据行为而产生，票据行为因票据签章而生效。

票据上的签章因票据行为的性质而有所区别，不同的票据行为，由不同的当事人签章。例如，票据签发，由出票人签章；票据转让，由背书人签章；票据承兑，由承兑人签章；票据保证，由保证人签章；持票人行使权利，由持票人签章等。一般来讲，出票人在票据上的签章不符合法律规定的，票据无效；背书人在票据上的签章不符合法律规定的，其签章无效，但不影响其前手符合签章的效力；承兑人、保证人在票据上的签章不符合法律规定的，其签章无效，但不影响其他符合规定签章的效力。

3）票据丧失的管理

票据丧失是指票据因灭失、遗失、被盗等原因而使票据权利人脱离其对票据的占有。票据丧失后，单位应该采取有效的措施进行管理，通常情况下，可以采取挂失止付、公示催告、普通诉讼3种形式进行补救。

挂失止付是只有确定付款人或代理付款人的票据丧失时，才可以进行挂失止付，具体包括已承兑的商业汇票、支票、填明"现金"字样的银行汇票和银行本票4种。挂失止付并不是票据丧失后采取的必经措施，而只是一种暂时的预防措施，最终要通过申请公示催告或提起普通诉讼。

公示催告是指根据《票据法》的规定，失票人应当在通知挂失止付后的 3 日内，也可以在票据丧失后，依法向人民法院申请公示最后持票人。

普通诉讼是指丧失票据的失票人直接向人民法院提起民事诉讼，要求法院判令付款人向其支付票据金额的行为。

2. 印鉴的管理

1）印鉴的保管

在实际工作中，由于会计制度对印鉴的保管和使用没有明确的规定，所以在印鉴数量、管理分工及用法上各有不同，有的是 3 枚印章；有的是单位公章，有的是财务印章；有的是分开保管，有的是出纳"包管"等。

从银行管理的角度，为了便于印鉴的核对，减少柜面的工作压力，根据中国人民银行的规定，单位预留印鉴，原则上为单位财务专用章和单位财务负责人各一枚。

从企业工作的角度，银行印鉴还是以 3 枚为好，从左至右分别为本企业的财务专用章、分管财务负责人的名章、出纳经办人员的名章，在规格上也应从左至右、由大到小，以显得美观。章迹要端庄秀丽，很粗或篆体字都不适宜。所以选用 3 枚印章作为印鉴，是因为其各有具体的用途。财务专用章是代表企业行使财权的公章，同时也能代表会计部门；分管领导名章表明企业领导人员之间的明确分工，一旦出现问题，首先应当追究分管领导的个人责任；出纳人员的名章表明在会计人员中也有明确的分工，谁经手、谁负责。如有工作变动，则应随时更换印鉴，以分清责任。这样 3 枚印章能够完整地担当起银行印鉴应发挥的作用。如果像有些单位那样，没有出纳人员的印章，则发生经办人员更迭时就难以分清责任，特别是在办理交接期间，往往容易出现差错，甚至会产生漏洞。

印鉴的保管方式在实际操作中有很多做法。一般情况下，由出纳人员保管自己名章，由复核人员保管其余两枚印章的做法为妥。这样做既有利于互相监督，又便于明确责任。之所以是互相监督而不是互相牵制，是因为万一两人中有一人外出时，可以临时加盖几张印鉴齐备的支票，供一方先行使用，待一方回来后再做工作交接，这样，就不至于影响正常工作的开展。

建立企业印鉴档案是印鉴保管的重要内容，也是企业会计档案的组成部分。企业建立的印鉴档案，应当载明包括印鉴印模、启用日期、注销日期、开户银行、账号性质、复核人员姓名等内容，以备查考。

2）印鉴的使用

当需要签发支票付款时，一般先由出纳人员根据支票管理制度的规定，填写好票据，盖上出纳人员名章，然后交复核人员审查该付款项目是否列入了开支计划，是否符合开支规定，如无不妥，则加盖其余印鉴正式签发。这样，才能真正起到付款时的复核作用。

3）印鉴的更换

各单位因印章使用日久发生磨损，或者改变单位名称、人员调动或印章遗失等原因需要更换印鉴时，应填写"更换印鉴申请书"，由开户银行发给新印鉴卡。单位应将原印鉴盖在新印鉴卡的反面，将新印鉴盖在新印鉴卡的正面，并注明启用日期，交开户银行。在更换印鉴前签发的支票仍然有效。

5.2 银行结算的操作技能

5.2.1 支付结算及方式

1. 支付结算及类型

支付结算是指单位、个人在社会经济活动中使用现金、票据、信用卡和银行结算凭证进行货币给付及资金结算的行为。其主要功能是完成资金从一方当事人向另一方当事人的转移，包括现金结算（货币给付）和转账结算（资金结算）两种方式。

现金结算是指使用现金进行的货币给付及结算行为；转账结算是指不使用现金，通过银行将款项从付款单位（或个人）的银行账户，直接划转到收款单位（或个人）的银行账户的货币资金结算方式。按照银行结算办法的规定，除了规定的可以使用现金结算的以外，所有企事业单位和机关、团体等相互之间发生的商品交易、劳务供应、资金调拨、信用往来等均应按照银行结算办法的规定，通过银行实行转账结算。

2. 结算方式及种类

结算方式是指用一定的形式和条件来实现各单位（或个人）之间货币收付的程序和方法，是办理结算业务的具体组织形式，是结算制度的重要组成部分。结算方式的主要内容包括商品交易货款支付的地点、时间和条件，商品所有权转移的条件，结算凭证及其传递的程序和方法等。

银行结算方式通常包括银行汇票、商业汇票、银行本票、支票、汇兑、委托收款、异地托收承付结算方式等7种。根据结算形式的不同，可以划分为票据结算和支付凭证结算等两大类；根据结算地点的不同，可以划分为同城结算方式、异地结算方式和通用结算方式等三大类。

现行7种结算方式的具体分类如表5-1所示。

表5-1 银行结算方式分类表

结算方式	现金结算			现金支票
	银行结算	同城结算	支 票	转账支票
			本 票	定额本票
				不定额本票
		异地结算	银行汇票	
			汇 兑	信 汇
				电 汇
			异地托收承付	
		通用结算	商业汇票	商业承兑汇票
				银行承兑汇票
			委托收款	

3. 办理银行结算的基本要求

单位通过银行结算方式办理银行结算时，必须遵守以下基本要求。

（1）各单位办理结算必须遵守国家法律、法规和银行结算办法的各项规定。

（2）各项经济活动及业务往来，除了按照国家现金管理的规定可以使用现金以外，都必须办理转账结算。

（3）在银行开立账户的单位办理转账结算，账户内须有足够的资金保证支付。

（4）各单位办理结算必须使用银行统一规定的票据和结算凭证，并按照规定正确填写。

（5）银行、单位办理结算应遵守"恪守信用、履约付款，谁的钱进谁的账、由谁支配，银行不垫款"的结算原则。

（6）银行按照结算办法的规定审查票据和结算凭证。收付双方发生的经济纠纷应由其自行处理，或向仲裁机关、人民法院申请仲裁或司法调解。

（7）银行依法为单位、个人的存款保密，维护其资金的自主支配权。除了国家法律规定和国务院授权中国人民银行总行的监督项目以外，其他部门和地方委托监督的事项，各银行均不受理，不代任何单位查询、扣款，不得停止单位存款的正常支付。

（8）各单位办理结算，必须严格遵守银行结算纪律，不准签发空头支票和远期支票，不准套取银行信用。

（9）各单位办理结算，由于填写结算凭证有误而影响资金使用，票据和印章丢失而造成资金损失的，由其自行负责。

5.2.2 票据结算的操作技能

票据是由出票人签发的，约定自己或者委托付款人在见票时或指定的日期向收款人或持票人支付一定的金额的有价证券。票据结算是以票据为结算工具的一种结算方式，根据《票据法》规定，办理支付结算时使用的票据主要有支票、银行汇票、商业汇票和银行本票等。

1. 支票

1）支票的概念和类型

支票是出票人签发的，委托办理存款业务的银行或其他金融机构，在见票时无条件支付确定的金额给收款人或者持票人的票据。

支票结算具有简便、灵活、迅速、可靠的特点。首先，使用支票办理结算手续简便，只要付款人在银行有足够的存款，就可以签发支票给收款人，银行凭支票就可以办理款项的划拨或现金的支付；其次，支票可以由付款人向收款人签发以直接办理结算，也可以由付款人出票委托银行主动付款给收款人，另外转账支票在指定的区域内还可以背书转让；再次，使用转账支票办理结算时，收款人将转账支票和进账单送交银行，一般当天或次日即可入账，而使用现金支票当时即可取得现金；最后，各单位必须在银行存款余额内签发支票，收款人凭支票就能取得款项，一般不存在得不到正常支付的情况。

支票分为现金支票、转账支票和普通支票 3 种。支票上印有"现金"字样的是现金支票，现金支票只能用于支取现金，它可以由存款人签发，用于到银行为本单位提取现金，也可以签发给其他单位和个人用来办理结算，或者委托银行代为支付现金给收款人；支票上印有"转账"字样的是转账支票，转账支票只能用于转账，它适用于存款人给同一城市范围内的收款单位划转款项，以办理商品交易、劳务供应、清偿债务和其他往来款项结算；支票上未注明"现金"或"转账"字样为普通支票，可提取现金也可办理转账。

2）支票结算的基本规定

（1）支票的使用范围。按照规定，凡是在银行开立账户的企事业单位和机关、团体，其在同一城市或票据交换地区的商品交易、劳务供应、债务清偿和其他款项结算均可使用支票。

（2）除定额支票外，支票一律记名。经中国人民银行总行批准的地区的转账支票还允许背书转让，背书转让必须连续。

（3）支票金额起点为100元。

（4）支票的提示付款期限为10天，从签发的次日算起，遇节假日顺延。过期支票作废，银行不予受理。

（5）支票的填写要求。签发支票时要用墨汁或碳素墨水（或使用支票打印机）认真填写；支票大小写金额和收款人、出票时间3处不得涂改，其他内容如有改动须由签发人加盖预留银行印鉴以证明。

签发缺印鉴或错账号的支票及签发的支票印鉴不符、账号户名不符、密码号不符的，银行处以占支票金额5%但不低于1 000元的罚款。

（6）签发现金支票须符合现金管理规定。收款单位凭现金支票收取现金，须在支票背面加盖单位公章即背书。同时，收款单位到签发单位开户银行支取现金，应按银行规定交验有关证件。

（7）付款单位必须在其银行存款余额内签发支票，不得签发空头支票（指签发的支票金额超过银行存款余额）。签发空头支票要受到银行的处罚。对于签发空头支票，银行要处以占支票金额5%但不低于1 000元的罚金。

（8）不准签发远期支票，即签发当日以后日期的支票。因为签发远期支票容易造成空头支票，所以银行禁止签发远期支票。

（9）不准出租、出借支票。

（10）支票遗失。已签发的现金支票遗失，可以向银行申请挂失；挂失前已经支付的，银行不予受理。已签发的转账支票遗失，银行不受理挂失，但可以请收款单位协助防范。

（11）支票的出票日期应使用规范的中文大写填写。在填写月、日时，月份为壹、贰和壹拾的，日为壹至玖及壹拾、贰拾和叁拾的，应在其前加"零"；日为拾壹至拾玖的，应在其前面加"壹"。

例如，2月12日，应写成零贰月壹拾贰日；10月20日，应写成零壹拾月零贰拾日。票据出票日期使用小写填写的，银行不予受理。大写日期未按要求规范填写的，银行可予受理；但由此造成损失的，由出票人自行承担。

3）支票结算的程序

开户单位使用现金支票提取现金时，由本单位出纳签发现金支票并加盖预留银行的印鉴，将票面剪下，交银行提取现金。若开户单位用现金支票向外单位或者个人支付时，将支票票面直接交收款人。

开户单位使用转账支票办理转账时，可以直接将转账支票交给收款人，由收款人委托其开户行代收，也可以由付款人直接交付款人开户行，委托银行将款项划转给收款人。

付款单位签发支票后直接送开户银行办理款项划拨的，财务部门应填制一式两联进账单。在进账单上，本单位为付款人，对方单位为收款人。填制完后连同转账支票一并送本单位开户银行。银行接到转账支票和进账单后按规定进行审查，审查无误后在支票和两联进账单上加盖"转讫"章，将进账单第一联作为收账通知送收款单位，收款单位收到银行转来的进账单第一联后，编制银行存款收款凭证，确认银行存款收款。收入转账支票处理程序如图 5-1 所示。

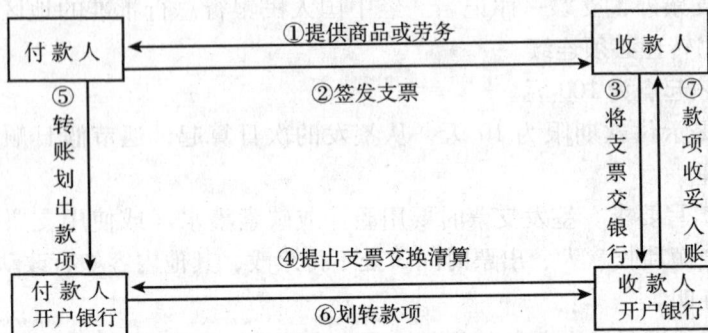

图 5-1　收入转账支票处理程序图

2. 银行汇票

1）银行汇票及特点

银行汇票是汇款人将款项交存当地银行，由银行签发给汇款人持往异地办理转账结算或支取现金的票据。银行汇票结算方式是指利用银行汇票办理转账结算的方式。

与其他银行结算方式相比，银行汇票结算方式具有以下特点。

（1）适用范围广。银行汇票是目前异地结算中较为广泛采用的一种结算方式，既可以用于转账结算，也可以用来支取现金。

（2）票随人走，钱货两清。实行银行汇票结算，购货单位交款，银行开票，票随人走；购货单位购货给票，销售单位验票发货，一手交票，一手交货；银行见票付款，这样可以减少结算环节，缩短结算资金在途时间，方便购销活动。

（3）信用度高，安全可靠。银行汇票是银行在收到汇款人款项后签发的支付凭证，因而具有较高的信誉。银行保证支付，收款人持有票据，可以安全及时地到银行支取款项。汇票丢失，如果确属现金汇票，汇款人可以向银行办理挂失。

（4）使用灵活，适应性强。实行银行汇票结算，持票人可以将汇票背书转让给销货单位，也可以通过银行办理分次支取或转让，另外还可以使用信汇、电汇或重新办理汇票等方式转汇款项，因而有利于购货单位在市场上灵活地采购物资。

（5）结算准确，余款自动退回。一般来讲，购货单位很难确定具体购货金额，因而出现汇多用少的情况是不可避免的。使用银行汇票结算则不会出现这种情况，单位持银行汇票购货，凡在汇票的汇款金额之内的，可根据实际采购金额办理支付，多余款项将由银行自动退回。这样可以有效地防止交易尾欠的发生。

2）银行汇票结算的基本规定

（1）银行汇票的签发和解付。银行汇票的签发和解付，只能由参加中国人民银行和商业银行领头的"全国联行往来"行动的银行机构办理。

（2）银行汇票一律记名。所谓记名，是指在汇票中指定某一特定人为收款人，其他任何人都无权领款。但如果指定收款人以背书方式将领款权转让给其指定的收款人，则其指定的收款人有领款权。

（3）银行汇票的金额起点为500元。金额在500元以下款项，银行不予办理银行汇票结算。

（4）银行汇票的付款期为一个月。这里所说的付款期是指从签发之日起到办理兑付之日止的时期。这里所说的一个月是指从签发日开始，不论月大月小，统一到下月对应日期止的一个月。如签发日为3月5日，则付款期到4月5日为止。如果到期日遇节假日则可以顺延。逾期的汇票，兑付银行将不予办理。

3）银行汇票的办理过程

单位内部供应部门或其他业务部门因业务需要使用银行汇票时，应填写银行汇票请领单（其基本格式如表5-2所示），并经单位领导审批同意后，由财务部门具体办理银行汇票手续。

表5-2　银行汇票请领单

请领日期　　年　月　日

收款人		开户银行		账号	
汇款用途					
汇款金额	人民币（大写）		¥		
部门负责人意见		单位领导审批意见		请领人签章	

（1）凡是要求使用银行汇票办理结算业务的单位，财务部门均应按规定向签发银行提交"银行汇票委托书"，在"银行汇票委托书"上逐项写明汇款人名称和账号、收款人名称和账号、兑付地点、汇款金额、汇款用途等内容，并在"银行汇票委托书"上加盖汇款人预留在银行的印鉴，由银行审查后签发银行汇票。如汇款人未在银行开立存款账户，则可以交存现金办理汇票。

（2）汇款人办理银行汇票，能确定收款人的，须详细填明单位、个体经济户名称或个人姓名。确定不了的，应填写汇款人指定人员的姓名。

（3）交存现金办理的汇票，需要在汇入银行支取现金，应在汇票委托书上的"汇款金额"大写栏先填写"现金"字样，后填写汇款金额。这样，银行便可签发现金汇票，以便汇款人在兑付银行支取现金。企事业单位办理的汇票，如需要在兑付银行支取现金的，由兑付银行按照现金管理有关规定审查支付现金。

（4）"银行汇票委托书"一式三联，其中第一联是存根，由汇款人留存作为记账传票；第二联是支款凭证，是签发行办理汇票的传出传票；第三联为收入凭证，由签发行作汇出汇款收入传票。如果申请人用现金办理银行汇票，可以注销第二联。"银行汇票委托书"的样式如表5-3所示。

表 5 - 3　中国 × × 银行汇票委托书（存根）　1

收款人					汇款人								
账号或住址					账号或住址								
兑付地点	省		市	汇款用途									
汇款金额	人民币 （大写）				百	十	万	千	百	十	元	角	分
备注					科　　目　对方科目 财务主管　复核　　经办								

4）银行汇票结算的程序

银行汇票结算的基本程序如图 5 - 2 所示。

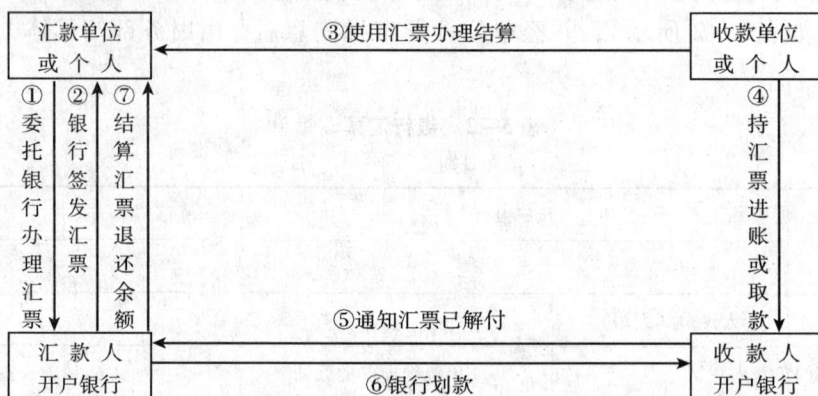

图 5 - 2　银行汇票结算的基本程序

3. 商业汇票

1）商业汇票

商业汇票是指由收款人或存款人（或承兑申请人）签发，由承兑人承兑，并于到期日向收款人或被背书人支付款项的一种票据。

所谓承兑，是指汇票的付款人愿意承担票面金额支付义务的行为，通俗地讲，就是付款人承认到期将无条件地支付汇票金额的行为。商业汇票按其承兑人的不同，可以分为商业承兑汇票和银行承兑汇票两种。商业承兑汇票是指由收款人签发，经付款人承兑，或者由付款人签发并承兑的汇票；银行承兑汇票是指由收款人或承兑申请人签发，并由承兑申请人向开户银行申请，经银行审查同意承兑的汇票。

2）商业汇票结算

商业汇票结算是指利用商业汇票来办理款项结算的银行结算方式。其适用于企业先发货后收款，或者是双方约定近期付款的商品交易，同城和异地均可使用。

商业汇票结算与银行汇票等结算方式相比，具有以下特点。

（1）商业汇票的适用范围相对较窄，各企事业单位之间只有根据购销合同进行合法的商品交易，才能签发商业汇票。

（2）商业汇票的使用对象也相对较少。商业汇票的使用对象是在银行开立账户的法人。

（3）商业汇票可以由付款人签发，也可以由收款人签发，但都必须经过承兑。商业汇票的承兑期限由交易双方商定，一般为 3 个月至 6 个月，最长不得超过 9 个月，属于分期付款的应一次签发若干张不同期限的商业汇票。

（4）未到期的商业汇票可以到银行办理贴现，从而使结算和银行资金融通相结合，有利于企业及时地补充流动资金，维持生产经营的正常进行。

（5）商业汇票在同城、异地都可以使用，而且没有结算起点的限制。

（6）商业汇票一律记名并允许背书转让。商业汇票到期后，一律通过银行办理转账结算，银行不支付现金。商业汇票的付款期限为自汇票到期日起 10 日内。

3）商业汇票办理要求

办理商业汇票必须注意下列事项。

（1）办理商业汇票必须以真实的交易关系和债权债务关系为基础，出票人不得签发无对价的商业汇票用以骗取银行或其他票据当事人的资金。

（2）商业汇票的出票人应为在银行开立存款账户的法人及其他组织，与付款人（即承兑人）具有真实的委托付款关系，并具有支付汇票金额的可靠资金来源。

（3）签发商业汇票必须依《支付结算办法》第 78 条规定，详细记载栏必须记载事项。

（4）我国目前使用的商业承兑汇票和银行承兑汇票所采用的都是定期付款形式，出票人签发汇票时，应在汇票上记载具体的到期日。

（5）商业汇票可以在出票时向付款人提示承兑后使用，也可以在出票后先使用再向付款人提示承兑。商业承兑汇票和银行承兑汇票的持票人员均应在汇票到期日前向付款人提示承兑。承兑不得附有条件。

（6）商业汇票的持票人向银行申请贴现时，必须提供与其直接前手之间的增值税发票和商品发运单据复印件，贴现银行办理转贴现、商品发运单据复印件。计算贴现利息时，承兑人在异地的，贴现、转贴现和再贴现的银行应另加 3 天的划款日期。

5.2.3　凭证结算的操作技能

1. 委托收款

1）委托收款结算的概念和特点

委托收款结算是收款人向银行提供收款依据，委托银行向付款人收取款项的结算方式。委托收款具有使用范围广、灵活、简便等特点。

（1）使用范围广。凡是在银行和其他金融机构开立账户的单位和个体经济户，其商品交易、劳务款项，以及其他应收款项的结算都可以使用委托收款结算方式。

（2）委托收款不受金额起点的限制。凡是收款单位发生的各种应收款项，不论金额大小，只要委托，银行就给予办理。

（3）委托收款不受地点的限制，在同城、异地都可以办理。

（4）委托收款有邮寄和电报划回等两种方式，收款单位可以根据需要灵活选择。

（5）委托收款付款期为 3 天，凭证索回期为 2 天。

（6）银行不负责审查付款单位拒付理由。委托收款结算方式是一种建立在商业信用基础上的结算方式，即由收款人先发货或提供劳务，然后通过银行收款，银行不参与监督，结算中发生争议由双方自行协商解决。

2）委托收款结算的基本程序

委托收款结算的基本程序如图 5-3 所示。

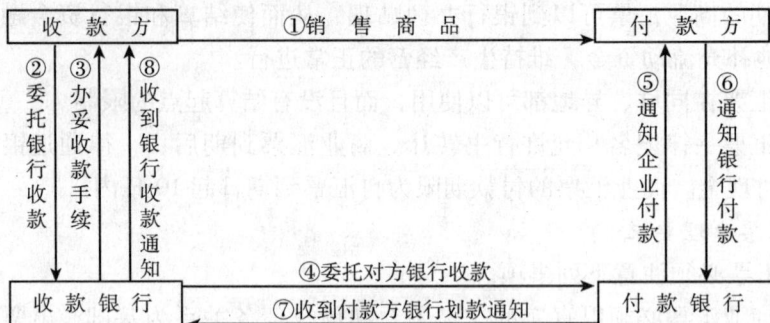

图 5-3　委托收款结算基本程序示意图

3）委托收款结算方式的办理手续及核算

收款人办理委托收款，应向开户银行填写委托收款凭证。结算凭证分为"委邮"、"委电"两种，均为一式五联。第一联为回单，由银行盖章后退回收款单位；第二联为收款凭证，收款单位开户银行作为收入传票；第三联为支款凭证，付款人的开户银行作为付出传票；"委邮"第四联为收账通知，是收款单位开户银行在款项收妥后给收款人的收账通知，"委电"第四联为发电报的依据，付款单位开户银行凭此向收款单位开户银行拍发电报；第五联为付款通知，是付款单位开户银行给付款单位按期付款的通知。

委托收款结算包括如下手续。

（1）收款单位出纳人员应按规定逐项填明委托收款凭证的各项内容。例如，收款单位名称、账号、开户银行，付款单位的名称、账号或地址、开户银行，委托金额大小写，款项内容（如贷款、劳务费等），委托收款凭据名称（如发票等）及所附单证张数等。然后在委托收款凭证第二联上加盖收款单位印章后，将委托收款凭证和委托收款依据一并送交开户银行。

（2）收款单位开户银行收到收款单位送交的委托收款凭证和有关单证后，按照委托收款的有关规定和填写凭证的有关要求进行认真审查，审查无误后办理委托收款手续，在委托收款凭证第一联上加盖业务公章后退回收款单位，同时按规定收取一定量的手续费和邮电费。

（3）收款单位财务部门根据银行盖章退回的委托收款凭证第一联和发票等有关原始凭证，按照有关业务性质编制有关记账凭证。如企业销售产品，在办妥委托收款手续后应根据有关凭证编制转账凭证。

（4）收款单位收到银行的委托收款收账通知时，应作增加银行存款的处理。

【例 5-1】大圣公司向大明公司销售商品，共计 180 000 元，采用委托收款方式结算，并用现金支付手续费 3 元。财务部门在办妥委托收款手续后，根据银行盖章后退回的委托收款凭证第一联和发票等原始凭证编制转账凭证，其会计分录如下。

借：应收账款——大明公司　　　　　　　　　　　　　　　　　　　180 000
　　贷：主营业务收入　　　　　　　　　　　　　　　　　　　　　153 846.15
　　　　应交税费——应交增值税（销项税额）　　　　　　　　　　　26 153.85

借：财务费用　　　　　　　　　　　　　　　　　　　　　　　　　　3
　　贷：库存现金　　　　　　　　　　　　　　　　　　　　　　　　　　3

【例 5－2】承例 5－1，收到银行委托收款通知，上述款项已经收到。

借：银行存款　　　　　　　　　　　　　　　　　　　　　　　180 000
　　贷：应收账款——大明公司　　　　　　　　　　　　　　　　180 000

4) 委托收款结算方式的付款手续及核算

付款人开户银行接到收款人开户银行寄来的委托收款凭证，经审查无误后，应及时通知付款人。

付款人接到通知和有关单证，应认真进行审核。付款人审查无误后，应在规定的付款期内付款。付款期为 3 天，从付款人开户银行发出付款通知的次日算起（付款期内遇节假日顺延），付款人在付款期内未向银行提出异议，银行即视作同意付款，并在付款期满的次日（节假日顺延）上午银行开始营业时，将款项主动划给收款人。

如在付款期满前，付款人通知银行提前付款，应立即办理划款。付款人审查付款通知和有关单证，发现有明显的计算错误，应该多付款项时，可由出纳人员填制一式四联"多付款理由书"（或以"拒绝付款理由书"替代），于付款期满前交开户银行，将多付款项一并划给收款单位。银行审查同意后，将多付款项连同委收金额一并划转给收款单位，同时将第一联多付款理由书加盖"转讫"章后作支款通知交给收款单位。

【例 5－3】大明公司采用委托收款方式购买大圣公司商品，计 180 000 元（含税价，税率为 17%），现根据银行转来的委托收款凭证第五联及有关单证，编制银行存款付款凭证，其会计分录如下。

借：库存商品　　　　　　　　　　　　　　　　　　　　　　153 846.15
　　应交税费——应交增值税　　　　　　　　　　　　　　　　26 153.85
　　贷：银行存款　　　　　　　　　　　　　　　　　　　　　180 000

2. 汇兑

1) 汇兑结算的概念

汇兑是汇款单位委托银行将款项汇往异地收款单位的结算方式。

根据划转款项的不同方法及传递方式的不同，汇兑可以分为信汇和电汇两种，由汇款人自行选择。信汇是汇款人向银行提出申请，同时交存一定金额及手续费，汇出行将信汇委托书以邮寄方式寄给汇入行，授权汇入行向收款人解付一定金额的汇兑结算方式。电汇是汇款人将一定款项交存汇款银行，汇款银行通过电报传给目的地的分行或代理行（汇入行），指示汇入行向收款人支付一定金额的汇款方式。

在这两种汇兑结算方式中，信汇费用较低，但速度相对较慢，而电汇具有速度快的优点。

2) 汇兑结算的特点

汇兑结算适用范围广，手续简便易行，灵活方便，是目前一种应用极为广泛的结算方式。

(1) 无论汇兑结算是信汇还是电汇，都没有金额起点的限制，不管款项多少都可使用。

(2) 汇兑结算属于汇款人向异地主动付款的结算方式，因而汇兑结算还广泛地用于先汇款后发货的交易结算方式。

（3）汇兑结算方式除了适用于单位之间的款项划拨外，也可用于单位对异地的个人支付有关款项，如退休工资、医药费、各种劳务费、稿酬等。

（4）汇兑结算手续简便易行，方便单位或个人办理。

3）汇兑结算的过程及核算

采用信汇的汇款单位的出纳人员应填制一式四联"信汇凭证"。"信汇凭证"第一联（回单）是汇出行受理信汇凭证后给汇款人的回单；第二联（支款凭证）是汇款人委托开户银行办理信汇时转账付款的支付凭证；第三联（收款凭证）是汇入行将款项转入收款人账户后的收款凭证；第四联（收账通知或取款收据）是在将款项直接记入收款人账户后通知收款人的收款通知，或不直接记入收款人账户时收款人凭以领取款项的取款收据。

电汇凭证一式三联，第一联（回单）是汇出行给汇款人的回单；第二联（支款凭证）是汇出行办理转账付款的支款凭证；第三联（发电依据）是汇出行向汇入行拍发电报的凭据。

汇出行受理汇款人的信、电汇凭证后，应按规定进行审查。审查无误后即可办理汇款手续，在第一联回单上加盖"转讫"章后退回汇款单位，并按规定收取手续费；如果不符条件，汇出行不予办理汇出手续，作退票处理。

汇款单位根据银行退回的信或电汇凭证第一联，根据不同情况编制记账凭证。如果汇款单位用汇款清理旧欠，则应编制银行存款付款凭证，其会计分录如下。

借：应付账款——××单位

贷：银行存款

如果汇款单位是为购买对方单位产品而预付货款，则应编制银行存款付款凭证，其会计分录如下。

借：预付账款

贷：银行存款

如果汇款单位将款项汇往采购地，在采购地银行开立临时存款户，则应编制银行存款付款凭证，其会计分录如下。

借：其他货币资金——外埠存款

贷：银行存款

3. 托收承付

托收承付是指根据购销合同由收款人发货后委托银行向异地付款人收取款项，由付款人向银行承付的结算方式。

使用托收承付结算方式的收款单位和付款单位，必须是国有企业、供销合作社及经营管理较好，并经开户银行审查同意的城乡集体所有制工业企业。办理托收承付结算的款项，必须是商品交易，以及因商品交易而产生的劳务供应的款项。代销、寄销、赊销商品的款项不得办理托收承付结算。收付双方使用托收承付结算方式必须签有符合《经济合同法》的购销合同，并在合同上订明使用托收承付结算款项的划回方法，分为邮寄和电报两种，由收款人选用。

1）托收承付办理方法

（1）托收。收款人按照签订的购销合同发货后，委托银行办理托收。

① 收款人应将托收凭证并附发运凭证或其他符合托收承付结算的有关证明和交易单证

送交银行（如铁路、航运、公路等运输部门签发运单、运单副本和邮局包裹单回执等）。

② 收款人开户银行接到托收凭证及其附件后，应当按照托收的范围、条件和托收凭证记载的要求对其进行审查，必要时还应查验收、付款人签订的购销合同。

（2）承付。付款人开户银行收到托收凭证及其附件后，应当及时通知付款人。通知的方法可以采取付款人到银行自取或由银行邮寄给付款人。承付货款的方法由收付双方自行商定选择，包括验单付款和验货付款两种。

① 验单付款。实行验单付款的，其承付期为 3 天，从付款单位开户银行发出承付通知的次日算起，承付期内遇到例假顺延，对必须邮寄且距离较远的付款单位需另加邮寄时间。付款人在承付期未向银行表示拒绝付款，银行即视为承付。

② 验货付款。实行验货付款的，其承付期为 10 天，从运输部门向付款人发出提货通知的次日算起，对收付双方在合同中明确规定，并在托收凭证上注明验货付款期限的，银行从其规定。实行验货付款的，收款单位在办理托收手续时应在托收凭证上加盖"验货付款"戳记。付款人收到提货通知后，应立即向银行交验提货通知。付款人在银行发生承付通知的次日起 10 天内，未收到提货通知的，应在第 10 天将货物尚未到达的情况通知银行。在第 10 天付款人没有通知银行的，银行即视为已经验货，于 10 天期满的次日上午将款项划给收款人。

2）托收承付使用中需注意的问题

（1）付款人不得在承付货款中，扣抵其他款项或以前托收的货款。

（2）付款人逾期付款，付款人的开户银行将对付款人予以处罚。

（3）付款人在承付期可以向银行提出全部拒付和部分拒付，但必须填写"拒付理由书"并签章，注明拒付理由。

（4）收款人对被无理拒付的托收款项，在收到退回的结算凭证及其所附单证后，需要委托银行重办托收，应当填写四联"重办托收理由书"，将其中三联连同购销合同，有关证据和退回的原托收凭证及交易单证一并送交银行。

5.3　银行存款收付业务的处理技能

5.3.1　支票结算业务的处理技能

1. 现金支票业务的办理程序

单位办理提取现金、支付个人费用等要使用现金支票，出纳人员在办理现金支票业务时，要按照以下流程进行处理。

（1）签发现金支票（包括正本与存根），加盖预留银行印鉴（本单位财务专用章和法人代表章）。

（2）将签好的支票沿虚线剪下，持支票正本到银行提取现金或将支票正本交给相关人员到银行提取现金。

（3）根据支票存根，编制银行存款付款凭证。

（4）根据银行存款付款凭证，登记现金日记账和银行存款日记账。

2. 转账支票业务的办理程序

1) 转账支票付款业务的处理流程与工作要点

按结算制度规定，出纳人员在使用转账支票进行付款时，应遵循以下流程并做好相应的工作。

（1）审核支票领用单，在审核无误后，签发转账支票并加盖预留银行印鉴。

（2）将支票主体部分沿虚线剪下交给本单位经办经济业务的相关工作人员，并登记支票领用登记簿。

（3）本单位经办业务的相关工作人员报销时，出纳人员审核费用报销单及费用发票等原始凭证，并与支票存根进行核对后加盖"银行付讫"印章，同时注销支票领用登记簿。

（4）根据费用报销单、费用发票、支票存根等编制银行存款付款凭证。

（5）根据银行存款付款凭证登记银行存款日记账。

2) 转账支票收款业务的处理流程与工作要点

企业因销售商品、提供劳务等收到转账支票，出纳人员在办理进账业务时，应遵循以下流程并做好相应的工作。

（1）审核销售或劳务发票、对方单位交来的转账支票，未填金额的要填写大小写金额。

（2）在审核无误的销售或劳务发票上加盖"银行收讫"印章，留下发票记账联将发票联和抵扣联交对方单位。

（3）填制进账单，连同支票一并前往开户银行办理进账手续。

（4）根据销售（劳务）发票、进账单回单等编制银行存款收款凭证。

（5）根据银行存款收款凭证登记银行存款日记账。

【例5－4】向林达公司销售一批×产品，货款10 000元及增值税额1 700元。收到转账支票一张。根据银行进账单回单和其他原始凭证填制收款凭证，其会计分录如下。

借：银行存款   11 700
  贷：应交税费   1 700
    主营业务收入   10 000

5.3.2 银行汇票结算业务的处理技能

1. 银行汇票付款业务的办理程序

1) 办理银行汇票的业务流程与工作要点

单位因采购材料等需要通过银行汇票进行经济业务活动时，首先要取得银行汇票，为此出纳人员必须到银行办理银行汇票业务，应按照以下流程进行操作。

（1）根据单位业务需要和领导批示，填制"银行汇票委托书"。

（2）持银行汇票委托书前往银行办理并取得银行汇票（2、3两联银行汇票和解讫通知）。

（3）根据银行汇票委托书回单编制银行付款或现金付款记账凭证，并将银行汇票及解讫通知交业务经办人员。

（4）根据付款凭证登记日记账。

【例5－5】大圣公司需要到A市采购商品，4月2日向开户银行申请用银行存款办理转往A市的转账汇票100 000元。根据银行退回的"银行汇票委托书"存根联作银行存款付款凭证，其会计分录如下。

借：其他货币资金——银行汇票　　　　　　　　　　　　　　　　　100 000
　　贷：银行存款　　　　　　　　　　　　　　　　　　　　　　　　　100 000

如果汇款单位用现金办理银行汇票，则财务部门在收到银行签发的银行汇票后，应根据"银行汇票委托书"第一联存根联编制现金付款凭证，其会计分录如下。

借：其他货币资金——银行汇票
　　贷：库存现金

2）银行汇票付款业务的办理流程与工作要点

当经济业务办理完毕，业务经办人员进行费用报销时，出纳人员应遵循以下流程并做好相应的工作。

（1）审核业务经办人员交来的费用报销单及相关费用发票和仓库开出的收料单。

（2）将购货金额与银行汇票金额进行核对，确定差额款项，为进行差额款项的结算作准备。

（3）根据费用报销单、费用发票、收料单等编制记账凭证。

【例5-6】大圣公司4月12日收到开户银行转来的银行汇票"多余款收账通知联"，经核对与发票相符，实际支付货款80 000元。据此，财务部门应编制如下记账凭证。

借：原材料——××材料　　　　　　　　　　　　　　　　　　　　80 000
　　贷：其他货币资金——银行汇票　　　　　　　　　　　　　　　　　80 000

3）银行汇票多余款项的处理流程与工作要点

汇款单位在用银行汇票购买货物并办理结算后，应等到签发银行转来的银行汇票第四联，即"多余款收账通知联"，其"实际结算金额"栏的实际结算金额与供应部门转来的发票、账单等原始凭证上的实际结算金额核对相符后，编制记账凭证。

对于银行汇票实际结算金额小于银行汇票汇款金额的差额，即多余款项要划入本单位的存款账户，出纳的处理要点如下。

（1）将办理银行汇票金额与实际结算（购货金额）进行核对，并查验银行转来的银行汇票第四联（多余款项收账通知），确定银行划入金额的正确性。

（2）根据银行转来的银行汇票多余款项收账通知编制银行存款收款凭证。

（3）根据银行收款凭证登记银行存款日记账。

【例5-7】承例5-6，编制如下记账凭证。

借：银行存款　　　　　　　　　　　　　　　　　　　　　　　　　20 000
　　贷：其他货币资金——银行汇票　　　　　　　　　　　　　　　　　20 000

2. 银行汇票收款业务的办理程序

收款单位出纳人员受理银行汇票时，应该认真审查，审查以下主要内容。

（1）收款人或背书人是否确为本单位人员。

（2）银行汇票是否在付款期内，日期、金额等填写是否准确无误。

（3）印章是否清晰，压数机压印的金额是否清晰。

（4）银行汇票和解讫通知是否齐全、相符。

（5）汇款人或背书人的证明或证件是否无误，背书人证件上的姓名与其背书是否相符。

审查无误后，出纳人员办理进账业务，其处理流程与要点如下。

（1）审核销货发票和银行汇票。在汇款金额以内，根据实际需要的款项办理结算，并将实际结算金额和多余金额准确、清晰地填入银行汇票和解讫通知的有关栏内。银行汇票的多余金额由签发银行退交汇款人。

（2）在审核无误的销货发票上加盖"银行收讫"印章，留下发票记账联，将其他各联交对方单位业务经办人员。

（3）填制进账单，连同银行汇票一同前往开户银行办理进账手续。

（4）根据销售发票和进账单回单编制银行收款凭证。

（5）根据银行收款凭证登记银行存款日记账。

5.3.3 商业汇票结算业务的处理技能

1. 商业承兑汇票的核算

商业承兑汇票可分别由双方约定签发。由收款人签发的商业承兑汇票，应由付款人承兑；由付款人签发的商业承兑汇票，应由本人承兑。付款人须在商业承兑汇票正面签署"承兑"字样并加盖预留银行印鉴后，将商业承兑汇票交给收款人。付款人应于商业承兑汇票到期前将票款足额交存其开户银行，银行于到期日凭票将款项从付款人账户划转给收款人或贴现银行。付款人对其所承兑的汇票负有到期无条件支付票款的责任。如果汇票到期时，付款人银行存款账户上金额不足支付票款，银行将不承担付款责任而只负责将汇票退给收款人，由收付双方自行处理。同时，银行将对付款人按照签发空头支票的有关罚款规定，处以罚金。

1）付款单位的账务处理

（1）购货单位购货时签发商业承兑汇票交销货单位，应作会计分录如下。

借：商品采购 ×××
　　应交税费——应交增值税（进项税额） ×××
　　　　贷：应付票据——商业承兑汇票 ×××

（2）汇票到期支付票款时，购货企业收到开户银行的付款通知，应作会计分录如下。

借：应付票据——商业承兑汇票 ×××
　　　　贷：银行存款 ×××

2）收款单位的账务处理

（1）销货企业收到购货企业交来、已承兑的商业承兑汇票，应作分录如下。

借：应收票据——商业承兑汇票 ×××
　　　　贷：应交税费——应交增值税（销项税额） ×××
　　　　　　商品销售收入 ×××

（2）销货企业把将要到期的汇票交存开户银行办理收款手续以后，接到银行收款通知时应作会计分录如下。

借：银行存款 ×××
　　　　贷：应收票据——商业承兑汇票 ×××

2. 银行承兑汇票的核算

使用银行承兑汇票进行结算时，由承兑申请人持银行承兑汇票和购销合同向其开户银行申请承兑。银行按照有关政策规定对其申请进行审查，符合承兑条件的，银行即可与承兑申请人签订承兑契约，并在汇票上签章，用压数机压印汇票金额后，将银行承兑汇票和解讫通知交给承兑申请人，并由其转交收款人。收款人或背书人应在银行承兑汇票到期时，将银行承兑汇票、解讫通知，连同进账单一起送交开户银行办理转账。

汇票到期前，承兑申请人应将票款足额交存其开户银行。如果汇票到期日承兑申请人未能足额交存票款，承兑银行应向收款人或贴现银行无条件履行支付责任，同时根据承兑契约对承兑申请人执行扣款，并对未扣回的承兑金额每天按其 0.05% 计收罚息。

1）付款单位的账务处理

（1）购货企业签发银行承兑汇票，并经开户银行承兑，交纳承兑手续费后作会计分录如下。

借：财务费用——手续费　　　　　　　　　　　　　　　　　　　×××
　　贷：银行存款　　　　　　　　　　　　　　　　　　　　　　　×××

（2）购货企业将银行承兑汇票交给销货企业时，作会计分录如下。

借：商品采购　　　　　　　　　　　　　　　　　　　　　　　　×××
　　应交税费——应交增值税（进项税额）　　　　　　　　　　　　×××
　　　贷：应付票据——银行承兑汇票　　　　　　　　　　　　　　×××

（3）汇票到期，购货企业支付票款，收到开户银行付款通知时，作会计分录如下。

借：应付票据——银行承兑汇票　　　　　　　　　　　　　　　　×××
　　　贷：银行存款　　　　　　　　　　　　　　　　　　　　　　×××

2）收款单位的账务处理

（1）销货企业收到购货企业的银行承兑汇票时，作会计分录如下。

借：应收票据——银行承兑汇票　　　　　　　　　　　　　　　　×××
　　　贷：应交税费——应交增值税（销项税额）　　　　　　　　　×××
　　　　　主营业务收入　　　　　　　　　　　　　　　　　　　　×××

（2）汇票到期，销货企业将银行承兑汇票连同进账单送交开户银行办理转账收款时，作会计分录如下。

借：银行存款　　　　　　　　　　　　　　　　　　　　　　　　×××
　　　贷：应收票据——银行承兑汇票　　　　　　　　　　　　　　×××

如果销货企业将银行承兑汇票背书转让给其他企业，用以购买商品时，作会计分录如下。

借：商品采购　　　　　　　　　　　　　　　　　　　　　　　　×××
　　应交税费——应交增值税（进项税额）　　　　　　　　　　　　×××
　　　贷：应收票据——银行承兑汇票　　　　　　　　　　　　　　×××

3. 商业汇票贴现的核算

销货企业收到承兑的商业汇票后，如果在汇票到期以前，企业急需资金，可以持未到期的汇票向其开户银行申请贴现。所谓贴现，就是持有汇票的收款人将未到期的商业汇票交给银行，银行将票面金额扣除贴现日至汇票到期前一日的利息以后的款项支付给持票人。

【例 5-8】某商业企业因资金周转需要，持一张 6 个月到期、面值为 100 000 元的不带息银行承兑汇票向银行贴现。该汇票的出票日为 7 月 1 日，到期日为 12 月 31 日，企业于 9 月 1 日向银行贴现，银行的贴现率为 9%。

解：贴现息 = 100 000 × 9% × (120/360) = 3 000(元)

贴现净额 = 100 000 – 3 000 = 97 000（元）

企业收到款项时作会计分录如下。

借：银行存款　　　　　　　　　　　　　　　　　　　　　　　　97 000

　　财务费用　　　　　　　　　　　　　　　　　　　　　　　　　3 000

　　贷：应收票据　　　　　　　　　　　　　　　　　　　　　　100 000

12 月 31 日该汇票到期，因承兑人银行账户资金不足而不能支付，银行退回应收票据并寄来支款通知，企业应作会计分录如下。

借：应收账款　　　　　　　　　　　　　　　　　　　　　　　100 000

　　贷：银行存款　　　　　　　　　　　　　　　　　　　　　　100 000

如上所述，已贴现的汇票到期，因承兑人的银行存款账户资金不足而不能支付，银行退回应收票据。而申请贴现的企业的银行存款账户余额也不足支付时，银行作逾期贷款处理。此时企业应作会计分录如下。

借：应收账款　　　　　　　　　　　　　　　　　　　　　　　100 000

　　贷：短期借款　　　　　　　　　　　　　　　　　　　　　　100 000

5.3.4　汇兑结算业务的处理技能

1. 信（电）汇付款业务的办理程序

企业与其他单位通过汇兑方式进行往来款项结算时，出纳人员的处理方法如下。

（1）查看本企业与相关单位的往来账户的情况，确认无误后填制费用报销单和信（电）汇结算凭证。

（2）持信（电）汇结算凭证到开户银行办理汇款手续并取得银行信（电）汇凭证回单。

（3）在银行信（电）汇凭证回单上加盖"银行付讫"印章，并编制银行存款付款凭证。

（4）根据银行付款凭证登记银行存款日记账。

2. 信（电）汇收款业务的办理程序

当单位收到信（电）汇结算凭证时，出纳人员应及时办理收款业务，其处理流程与要点如下。

（1）审核收到的信（电）汇收账通知，查阅与对方单位的往来账户的情况，核对其真实性。

（2）确认无误后在信（电）汇凭证回单上加盖"银行收讫"印章，并根据信（电）汇凭证的收款通知联编制银行存款收款凭证。

（3）根据银行收款凭证登记银行存款日记账。

【例 5-9】大圣公司为到某城市采购商品，委托银行以电汇方式向该城市某银行汇款 86 000 元，设立临时采购专户。银行按规定收取手续费 35 元，从账户中扣收。财务部门根据银行盖章退回的汇款凭证第一联编制银行存款付款凭证，其会计分录如下。

借：其他货币资金——外埠存款　　　　　　　　　　　　　　　86 000

　　贷：银行存款　　　　　　　　　　　　　　　　　　　　　　86 000

同时按照银行收取的手续费，作银行存款付款凭证，其会计分录如下。

借：财务费用   35

  贷：银行存款   35

5.3.5 托收承付结算业务的处理技能

1. 托收承付收款业务的办理程序

采用托收承付结算方式销售商品时，销售方要办理托收承付收款结算方式并收回货款，出纳人员的会计处理流程与要点如下。

1）托收承付收款结算的办理

（1）审核业务经办人员转来的销货发票、运费单和销货合同等，在此基础上填制托收承付结算凭证。

（2）持托收承付结算凭证、销货发票、运费单和销货合同等，到开户银行办理托收手续，并取得托收承付结算凭证回单。

（3）将银行交回的托收承付结算凭证回单妥善保管，并据此登记托收承付收款登记簿。

（4）根据销售发票记账联编制转账凭证。

2）托收承付款项到账的办理

（1）审核银行转来的托收承付收账通知联，并与当初办理托收承付时银行退回的回单进行核对，相符后注销托收承付收款登记簿。

（2）根据托收承付收账通知和回单，编制银行存款收款凭证。

（3）根据银行收款凭证登记银行存款日记账。

【例5-10】收到银行的收账通知，已经收到银行采用异地托收方式结算的客户购货款50 000元，增值税款8 500元。根据银行的收账通知及有关原始凭证填制收款凭证，会计分录如下。

借：银行存款   585 000

  贷：应交税费   8 500

    主营业务收入   50 000

2. 托收承付付款业务的办理程序

购货方收到银行转来的托收承付结算凭证时，应按规定进行处理并办理货款结算，出纳人员的会计处理流程与要点如下。

1）收到托收结算凭证的处理

（1）审核托收承付结算凭证及发票，与采购部门联系由采购部门组织人员签收并取得收料单。

（2）登记托收承付付款登记簿，并妥善保管好上述凭证。

2）承付到期托收货款的处理

（1）审核采购部门填制的费用报销单，查阅托收承付付款登记簿记录，向开户银行承付货款并在托收承付结算凭证上加盖"银行付讫"印章。

（2）根据托收承付结算凭证及发票、运费单、收料单、费用报销单等编制银行存款付款凭证，并注销托收承付付款登记簿。

（3）根据银行收款凭证登记银行存款日记账。

委托收款结算业务的出纳处理技能与托收承付结算业务的处理技能基本相似，这里不再赘述，可参见5.2节的内容。

5.3.6 银行结算费用核算技能

企业办理银行结算业务，按规定需要向银行支付一定的费用，这些费用包括凭证工本费、手续费、邮电费，以及违反结算纪律和有关规定而支付的罚金等。

1. 凭证工本费

银行收取凭证工本费分为当时计收和定期汇总计收两种方式。

各单位向银行领购各种结算凭证时，按规定应填制一式三联的结算凭证领用单，并加盖其预留银行印鉴，送开户银行。开户银行审查无误后，实行当时计收的，向领用人收取结算凭证工本费，并在第一联结算凭证领用单中加盖"转讫"章，或者"现金收讫"章后退回给领用人。各单位财务部门根据银行盖章退回的结算凭证领用单第一联和银行收费凭证，编制现金或银行存款付款凭证。

【例5-11】某单位12月20日向银行领购结算凭证10本，用现金支付凭证工本费50元，财务部门根据银行盖章退回的结算凭证领用单和银行收费凭证，编制现金付款凭证，作如下会计分录。

借：财务费用   50

 贷：库存现金   50

如果采用定期汇总收费的，则领购时不直接支付，其汇总收费时一次性转账结算。银行汇总收费时向各单位发出特种转账借方凭证作为支款通知。各单位财务部门根据银行特种转账借方凭证编制银行存款付款凭证。会计分录为：借记"财务费用"账户，贷记"银行存款"账户。

2. 银行手续费和邮电费

银行办理结算业务，按规定的范围和标准向客户收取一定的手续费。另外，银行办理结算业务还需向客户收取邮电费。邮电费和手续费合在一起交纳。

银行收取手续费和邮电费也采取当时计收和定期汇总计收两种方法。采用当时计收的，各单位在办理结算时直接用现金交纳或者直接办理转账，财务部门根据银行盖章退回的有关凭证（如汇票委托书第一联等）和银行收费凭证编制现金或银行存款付款凭证。其会计核算方法和工本费核算方法相同。采用汇总计收的，应根据银行特种借方凭证编制银行存款付款凭证，其会计核算方法和工本费核算方法相同。

3. 结算罚款

各单位在办理结算过程中，由于违反结算纪律和银行结算的有关规定，如签发空头支票等而被银行处以罚款时，各单位应根据银行的罚款凭证编制银行存款付款凭证，其会计分录为：借记"营业外支出"账户，贷记"银行存款"账户。

课后练习

1. 复习思考

（1）企业银行账户有哪几种？出纳人员应如何办理和使用企业的银行账户？

（2）票据和印章的保管与使用应遵循哪些基本要求？

（3）简述支付结算方式的种类，以及出纳人员办理上述业务时应履行的手续和流程。

（4）银行支票的特点有哪些？

（5）银行汇票和汇兑结算各有什么特点？

（6）简述银行汇票和商业汇票的区别。

2. 业务训练

楚星公司相关经济业务有下列内容。

① 2009 年 2 月 2 日开具现金支票从银行提取备用金 2 000 元，以备非业务性零星支出。

② 2009 年 2 月 5 日，公司向红旗商场销售产品 50 000 元，增值税 8 500 元，收到对方交来的转账支票一张，金额 58 500 元，填制进账单，连同支票一并交存银行。

③ 2009 年 2 月 10 日，公司申请办理银行本票 50 000 元，向其开户银行申请办理"银行本票申请书"，并将款项交存银行。

④ 2009 年 2 月 13 日，公司采购员持金额为 40 000 元的银行本票采购甲材料，收到的增值税专用发票中注明的价款 30 000 元，增值税 5 100 元。付出银行本票，多余款 4 900 元由对方单位以转账支票结清。

⑤ 2009 年 2 月 14 日，公司向外地某公司发出甲商品一批，售价 30 000 元，增值税 5 100元。发货时，以转账支票为对方垫付运费 600 元。根据有关单位填制委托收款结算凭证，连同有关单据交付银行。

⑥ 2009 年 2 月 23 日，收到银行的委托收款收账通知，收回款项共计 35 700 元。

⑦ 2009 年 2 月 20 日，向广州某企业汇款 20 000 元，订购材料。

⑧ 2009 年 2 月 25 日，向本市某企业销售产品，收到商业汇票一张，金额为 117 000元，到期日为 2009 年 8 月 25 日。

⑨ 2009 年 2 月 25 日交商业汇票到银行办理贴现。贴现年利率 8%。

要求：

① 简述出纳人员在办理上述业务时的流程与手续。

② 根据上述业务编制记账凭证。

第6章 出纳基本业务与技能综合实训

【实训目标】

通过本次实训，能够运用所学的出纳知识，熟练完成出纳工作过程中涉及的各类原始凭证的填制，现金和银行存款日记账等账簿的登记；熟悉现金收付及银行结算的业务处理技能，掌握出纳日常工作和期末对账、结账等日常技能的方法与技巧。

【实训内容】

（1）出纳账簿的期初、日常与期末处理技能。

（2）出纳的票证填制与处理技能。

（3）现金与银行存款业务的日常处理技能。

（4）银行存款余额调节表的编制等。

1. 实训要求

1）实训程序

（1）根据实训资料中有关账户期初余额，设置"库存现金"和"银行存款"总账、日记账，并登记期初余额。

（2）根据实训资料提供的有关原始凭证，按照业务的先后顺序编制专用记账凭证，并根据记账凭证登记相关账户。

（3）月末编制银行余额调节表。

2）实训过程

（1）实训分工：每两人一组，一人担任出纳，编制收、付款凭证，登记日记账；一人担任会计，编制转账凭证，审核凭证，登记总账，编制银行存款余额调节表。

（2）实训时间：20学时。

2. 实训单位基本情况

实训单位：湖北先锋科技有限公司。

地址：武汉市青山北路12号。

电话：027-4587989。

公司注册资本1 000万元，从事电气产品生产，税务登记号6466123。

银行开户账号为：

基本账户：工行青山分理处，行号123，开户账号4251458；一般账户：农行古田支行，行号425，开户账号2154876。

库存现金限额为5 000元。

财务人员：出纳李娟，会计陈春。

3. 实训资料

1）有关账户期初余额

① 库存现金——2 500.68 元

② 银行存款——基本账户　459 870.39 元

　　　　　　　一般账户　　32 897.61 元

2）2009 年 12 月先锋科技有限公司业务（提示）

（1）12 月 1 日，开出现金支票，提取现金 2 000 元备用。（填制现金支票）

（2）12 月 1 日，办理银行汇票一张，交业务员徐平到上海采购设备，金额 120 000 元。（银行汇票申请）

（3）12 月 3 日，业务科张伟出差办理借款，手续齐全。借款 1 000 元付现金。（借款单）

（4）12 月 4 日，从一般账户开出转账支票 50 000 元支付给武汉青山设计公司安装费用。（发票、支票）

（5）12 月 5 日，向武汉钢铁公司采购钢材 10 吨，材料入库，货款未付。（发票、入库单）

（6）12 月 6 日，办公室购买办公用品，报账 1 000 元，补足备用金。（报账单）

（7）12 月 6 日，向广州市天一公司销售 A 产品 10 件，不含税价格 2 000 元，代垫 200 元运费，办理委托收款手续。（发票、支票、委托收款凭证）

（8）12 月 7 日，提取现金 9 220 元，备发工资。（支票）

（9）发放工资。

（10）12 月 10 日，销售 B 产品 1 件，货款 1 500 元，现金存入银行。（普票、存款单）

（11）12 月 12 日，开出支票，支付上月增值税款 35 120 元。（税收缴款书回单）

（12）12 月 12 日，张伟报费用 750 元。（费用报销单、收据）

（13）12 月 15 日，电汇 40 000 元至南京飞达科技公司，订购设备一套。（电汇凭证）

（14）12 月 15 日，收到银行手续费付款通知，上月手续费 120 元。（手续费）

（15）12 月 18 日，收到武汉前进公司支票一张，金额 10 000 元。（填制进账单）

（16）12 月 19 日，收到银行付款通知，武汉钢厂委托收款付款通知联，支付货款。（委托收款付款通知）

（17）12 月 20 日，收到银行转来电力公司本月电费通知，本月电费 4 680 元。（电费托收承付付款通知）

（18）12 月 21 日，开出支票，支付下年保险费 10 000 元。

（19）12 月 22 日，收到银行收账通知，收回广州天一公司货款。（委托收款收账通知）

（20）12 月 23 日，徐平报账，费用 1 000 元，冲原借支。采购设备交付使用。（报账单、增值税发票款项共计 117 000 元）

（21）12 月 25 日，银行转来银行汇票余款通知。（银行汇票余款通知 3 000 元）

（22）12 月 26 日，销售产品 1 件，收到货款计 12 000 元。（发票、进账单）

（23）12 月 26 日，收到银行利息收账通知，收到本季度利息 500 元。（收账通知）

（24）12 月 28 日，收到房屋出租的押金 3 000 元。（收据）

（25）12 月 31 日，分配本月工资费用。

（26）12 月 31 日，开出支票，提现金 20 000 元。

（27）12 月 31 日，收到支票一张，武汉信达公司支付上月欠款 8 000 元。

（28）盘点现金。

3）原始凭证

（1）业务 1——现金支票。

（2）业务 2。

① 汇票申请书。

② 银行汇票。

<table>
<tr><td>付款期限
壹个月</td><td colspan="3">银行
银行汇票　　2</td><td>地 BA
名 01</td><td>00000000</td></tr>
</table>

银行

银行汇票　　2

| 付款期限
壹个月 | | 地 BA
名 01 | 00000000 |

出票日期
（大写）　贰零零伍年壹拾贰月零壹日

代理付款行：工行上海宝山支行　行号：7789

收款人：　上海市宝山机电设备公司　　　　账号：7789456

出票金额　人民币
（大写）　壹拾贰万元整　　　　　　　　　（压数机压印出票金额）

实际结算金额　人民币
（大写）

千	百	十	万	千	百	十	元	角	分
		1	2	0	0	0	0	0	0

申请人：　湖北先锋科技有限公司　　　账号或住址：　4251458

出票行：工行青山分理处　行号：123

备　注：购设备

凭票付款

出票行签章　中国工商银行 青山分理处

密押：

多 余 金 额

千	百	十	万	千	百	十	元	角	分

复核　　　　　记账

（3）业务3——借款单。

借 款 单

2009 年 12 月 3 日　　　　　　　第　　号

借款 部门	业务科	姓名	张伟	事由	出差
借款金额（大写）	零万壹仟零佰零拾零元零角零分　￥1 000.00				
部门 负责人 签署	同意	借款人 签章	张伟	注意事项	一、凡借用公款必须使用本单。 二、第三联为正式借据由借款人和单位负责人签章。 三、出差返回后3天内结算。
单位 领导 批示	同意	审核意见	同意		

第三联：记账凭证

（4）业务4。

① 发票。

建筑：服务业发票

发票联

地税监
440170043

查询电话：

查询号码

顾客名称：湖北先锋科技有限公司

2009 年 12 月 3 日

收费项目	数 量	单 价	金 额							备 注
			万	千	百	十	元	角	分	
实验室设计费		5 000.00		5	0	0	0	0	0	
合计人民币（大写）	零万伍仟零佰零拾零元零角零分	武汉青山设计公司财务专用章		5	0	0	0	0	0	

第二联：发票联

② 转账支票。

银行 （网）

转账支票存根

56891001

附加信息

出票日期 年 月 日

收款人
金 额
用 途

单位主管 会计

本支票付款期限十天

转账支票 （闽） 厦
门 56891001

出票日期(大写) 年 月 日 付款行名称
收款人： 出票人账号

人民币（大写）

亿	千	百	十	万	千	百	十	元	角	分

用途
上列款项请从
我账户内支付
出票人签章

复核 记账

（5）业务5。

① 增值税专用发票。

· 126 ·

320063170 　　　　　　**增值税专用发票**　　　　　No

第三联：　发票联　购货方记账凭证

开票日期：2009年12月3日

| 购货单位 | 名　　称：湖北先锋科技公司
纳税人识别号：6466123
地　址、电话：青山北路 027－4587989
开户行及账户：工行青山分理处 4251485 | | | | 密码区 | | | |

货物或应税劳务名称	规格型号	单位	数量	单价	金额	税率	税额
钢材	101	吨	10	5 000.00	50 000.00	17%	8 500.00
合计					50 000.00		8 500.00

价税合计（大写）	伍万捌仟伍佰元整	（小写）¥ 58 500.00

| 销货单位 | 名　　称：武汉钢铁公司
纳税人识别号：6689741
地　址、电话：青山南路 8889898
开户行及账户：建行青山支行 5512367 | 备注 | 武汉 钢铁 公司
财务专用章 |

收款人：　　　复核：　　　开票人：　　　销货单位（章）：

② 入库单。

入 库 单　　　No.0028501
2009 年 12 月 3 日　　　边续号_____

物资类别		

交来单位及部门	采购科	发票号码或生产单号码		验收仓库	1	入库日期	2009.12.3

编号	名称及规格	单位	数　量		实际价格		计划价格		价格差异
			交库	实收	单价	金额	单价	金额	
01	钢材	吨	10	10	5 000.00				
合　　计									

财务部门　　　记账　　　保管部门　　　验收　张武　　　单位部门　　　缴库
主　管　　　　　　　　　主　管　　　　　　　　　　　主　管

（6）业务6。

① 报销单。

报　销　单

	日　期	年　月　日
（票据粘贴处）	单据	计　张　元
	金额	百　拾　元　角　分
	起始点	
	事由	

批准：　　　　　报销：

② 销售发票。

销售发票

客户：北先锋科技有限公司　　　　　　　　存　根　联　　　国　　税 No　　　　　　2009 年 12 月 2 日
　　　　　　　　　　　　　　　　　　　　　　　　　　　　　货销万（3）

品名	规格	单位	数量	单价	金　额							
					十	万	千	百	十	元	角	分
水性笔	0.5	合	10	20.00				2	0	0	0	0
打印纸	80 克	合	10	80.00				8	0	0	0	0
大写金额（大写）万壹仟零佰零拾零元零角零分							1	0	0	0	0	0

企业发票专用章│　　　　　　　　财务　　　　　　　　复核　　　　　　　填票　王晓

（7）业务 7。

① 发票。

320063170　　　　　　　　　**增值税专用发票**　　　　No

记账联　　　　　　　　　　　　　　开票日期：2009年12月6日

购货单位	名　　称：广州市天一公司 纳税人识别号：86966123 地址、电话：98987854 开户行及账户：工行流花分行 763258					密码区		
货物或应税劳务名称	规格型号	单位	数量	单价	金额	税率	税额	
检测仪	101	台	10	2 000.00	20 000.00	17%	3 400.00	
合计					20 000.00		3 400.00	

价税合计（大写）	贰万叁仟肆佰元整	（小写）￥23 400.00

销货单位	名　　称：湖北先锋科技公司 纳税人识别号：青山北路 027-4587989 地址、电话：工行青山分理处 4251485 开户行及账户：	备注	武汉 钢铁公司 财务专用章

收款人：　　　复核：　　　开票人：吴昊　　　销货单位（章）：

第一联：记账联　销货方记账凭证

② 支票（代垫 200 元运费）。

银行　（网） **转账支票存根** 56891001	本支票付款期限十天	转账支票　　（闽）　厦门　　56891001	
附加信息 _____ _____ _____		出票日期(大写)　年　月　日　付款行名称 收款人：　　　　　　　　　出票人账号	
出票日期　年　月　日		人民币（大写）　　　　　　　　亿千百十万千百十元角分	
收款人		用途	
金　额		上列款项请从 我账户内支付 出票人签章	
用　途			
单位主管　　会计		复核　　记账	

③ 委托收款凭证。

托收凭证 （受理回单）

委托日期 2009 的 12 月 6 日

业务类型		委托收款（☑邮划 □电划）					托收承付（□邮划、□电划）									

付款人	全　称	广州市天一公司					收款人	全　称								
	账　号	546987						账　号								
	地　址	广东 省 广州	市县	开户行	工行流花分行			地　址		省	市县	开户行	工行青山分理处			

金额	人民币（大写）					亿	千	百	十	万	千	百	十	元	角	分
											￥	9	0	0	0	0	0	0

款项内容		托收凭据名　称	发票	附寄单证张数	
商品发运情况		合同名称号码			

备注：	款项收妥日期	
		收款人开户银行签章
复核　记账	年　月　日	年　月　日

（8）业务 8——提现金 8 860 元备发工资。

银行 （网）

转账支票存根

56891001

附加信息 _____

_____

出票日期　年　月　日

收款人	
金　额	
用　途	

单位主管　　会计

本支票付款期限十天

转账支票 （闽） 厦门 56891001

出票日期(大写)　年　月　日　付款行名称

收款人：　　　　　　　　　　出票人账号

人民币（大写）		亿	千	百	十	万	千	百	十	元	角	分

用途 _____

上列款项请从
我账户内支付
出票人签章

复核　　记账

(9) 业务9——工资表。

12　月份工资表

第____页　共____页

发放日期：2007 年 7 月 10 日

顺序号	工号及姓名	基本工资	职务工资	奖金	加班工资	产病工资（一）日数	工资	%	事假（一）日数	工资	应发金额	养老保险	医疗保险	个人所得税	实发金额	受款人签章
1	林　名	600.00	500.00	100.00	50.00						1 250.00	75.00	25.00		1 150.00	
2	陈　公	700.00	500.00	100.00	0.00						1 300.00	75.00	25.00		1 200.00	
3	陈　明	800.00	500.00	200.00	100.00						1 600.00	75.00	25.00		1 500.00	
4	陈　红	1 200.00	600.00	100.00	100.00						2 000.00	75.00	25.00	15.00	1 885.00	
5	王　光	1 500.00	100.00	100.00	200.00						1 900.00	75.00	25.00	10.00	1 790.00	
6	王　宽	1 200.00	300.00	200.00	100.00						1 800.00	75.00	25.00	5.00	1 695.00	
7																
8																
9																
10																
11																
12																
13																
14																
15																
16																
17																
18																
19																
20																
合计		6 000.00	2 500.00	800.00	550.00						9 850.00	450.00	150.00	30.00	9 220.00	

出纳　　　　劳动工资　　　　制表 于涛

（10）业务 10。

① 发票。

<h3 style="text-align:center">企业　发票</h3>
记账联

111000521011

No

客户名称：零星　　　　　　　支票号：

编号	商品名称	规格	单位	数量	单价	金　额							
						十万	千	百	十	元	角	分	
	B 产品	111	件	1	1 500.00		1	5	0	0	0	0	
	小　写　金　额　合　计						1	5	0	0	0	0	
大写金额			拾　万　仟　佰　拾　元　角　分										

开票单位（盖章）　　　　　　　　开票人　　　　　　　　　2009 年 12 月 10 日

② 存款单。

<h3 style="text-align:center">银行现金存款凭条</h3>
年　月　日

收款人	全称		款项来源									
	账号		款项来源									
	开户行		交款人									
				百	十	万	千	百	十	元	角	分
金额大写（币种）												

票面	张数	金额	票面	张数	金额
100 元			5 角		
50 元			2 角		
20 元			1 角		
10 元			5 分		
5 元			2 分		
2 元			1 分		
1 元					

复核：　　　　　　经办：

第一联　银行核对联

（11）业务 11。

① 税收缴款单。

中华人民共和国

隶属关系：　　　　　　　　　　**税收缴款书**　　　　　　第　　号 □

注册类型：　　　　　　　填发日期：2009 年 12 月 10 日

征收机关：国税

缴款单位（人）	代　号	6	4	6	6	1	2	3	电话	4587989	预算科目	编码									
	全　称	湖北先锋科技有限公司										名称									
	开户银行	工行青山分理处										级次									
	账　号	4251458									收款国库										

税款所属日期 2009 年 11 月 30 日至 12 月 31 日　　　　　税款限缴日期 2009 年 12 月 12 日

品目名称	课税数量	计税金额或销售收入	税率或单位税额	已缴或扣除额	实缴税额										
					亿	千	百	十	万	千	百	十	元	角	分
增值税	—							3	5	1	2	0	0	0	0
人民币合计（大写）仟　佰　拾叁万伍仟壹佰贰拾零元零角零分								3	5	1	2	0	0	0	0

缴款单位（人）（盖章） 经办人（章）	税务机关（盖章）	上列款项已收妥并划转收款单位账户 国库（银行）盖章　2009 年 12 月 12 日	备注：入库

（无银行收讫章无效）　　　逾期不缴按税法规定加收滞纳金

右侧竖排文字：第一联（收据）国库经收处收款盖章后退缴款单位　（人）作完税凭证也是申报纳税留存依据

② 支票。

银行 (网)

转账支票存根

56891001

附加信息

＿＿＿＿＿＿＿

＿＿＿＿＿＿＿

出票日期　年　月　日

收款人	
金　额	
用　途	

单位主管　　会计

本支票付款期限十天

转账支票　　（闽）厦门　　56891001

出票日期(大写)　　年　　　月　　　日　付款行名称
收款人：　　　　　　　　　　　　　　　出票人账号

人民币（大写）　　　　　　　　　　| 亿 | 千 | 百 | 十 | 万 | 千 | 百 | 十 | 元 | 角 | 分 |

用途　　　　　　　
上列款项请从
我账户内支付
出票人签章　　　　　　　　复核　　　记账

（12）业务 12。

① 费用报销单。

报 销 单

填报日期　2009 年 12 月 12 日

姓名	张伟	所属部门		业务科	报销形式：		
					支票号码		
报销项目		金额	报销项目			金额	
差旅费		750					
			以上单据共 3		张金额小写 750.00		
总金额 （大写）	拾　万	仟柒佰伍拾零元零角零分		预支 备用金额	1 000.00	应缴备用金额	250.00

主管　　　　会计　　　　出纳 李军　　　　报销人 张伟

② 收据。

统一收据

发票代码
1352020760193

发票号码

日期_____年_____月_____

付款方：_____

项　目	金　额
会计人民币 （大写）：	¥　　　　元
备注：未经收款单位盖章及收款人签章无效。	

款项结算方式：现金_____　开票：_____　收款：_____　收款单位（盖章）

（13）业务 13。

① 预付款申请单。

预付款申请单

2008 年 12 月 12 日

申请金额：40 000.00	批准金额：40 000.00	预付方式：电汇
收款单位：飞达科技公司	收款单位开户银行：工行南京金陵支行	账号：3158452
预付内容 　　购买实验设备		
合同（协议）总金额：80 000.00 　　　　　　附合同 1　份书面协议	已预付款 份合同号 1212121	
预计到货或工程完工时间		2010 年 3 月 31 日
批准人：****　　　厂长：**　　　总会计师		
执行情况		

单位主管：　　　　申请人：　　　　财务科长：　　　　财务经办：

② 银行电汇凭证。

银行电汇凭证（回单）

委托日期　　年　月　日

付款人	全　称		收款人	全　称											
	账　号			账　号											
	汇出地点	省　　　　市/县		汇入地点	省　　　市/县										
汇出行名称			汇入行名称												
金额	人民币（大写）				亿	千	百	十	万	千	百	十	元	角	分

支付密码

附加信息及用途：

汇出行签章

复核：　　　记账：

此联汇出行给汇款人的回单

（14）业务14——银行收费凭据。

银行结算收费单

总字第　　号

字第　　号

单位名称：湖北先锋科技有限公司　　　　账号 4251458　　　　2009 年 12 月 13 日

结算种类	邮电费	金　额						手续费		金　额					
		千	百	十	元	角	分			千	百	十	元	角	分
汇票（兑）	信（电）1　笔							1	笔			4	0	0	0
委托收款	邮（电）2　笔							2	笔			8	0	0	0
	笔								笔						
	笔								笔						
小　计															
合计金额	大写：壹佰贰拾元整										1	2	0	0	0

上列款项，请从我单位账户支付。

会计分类

借：

贷：邮电费收入户　贷：年续费收入户

付款单位　环保先锋科技（经手人）签章

复核　　　记账

此联作为结算单位付款凭证

（15）业务 15。

① 现金支票。

现金支票	（闽）　厦门　56891001

本支票付款期限十天

出票日期(大写) 贰零零玖 年壹拾贰月 壹拾捌 日　　付款行名称
收款人：　　　　　　　　　　　　　　　　出票人账号

人民币(大写)　壹万元整	亿	千	百	十	万	千	百	十	元	角	分
					1	0	0	0	0	0	0

用途 支付下年门面租金
上列款项请从
我账户内支付
出票人签章

武汉前进公司　　印本

复核　　记账

② 进账单。

（　中国银行）**进账单**（回单）

年　月　日

付款人	全　称		收款人	全　称		亿	千	百	万	千	百	元	角	分
	账　号	20046344189		账　号	3000298222288									
	开户行			开户行										
金额	人民币（大写）													
票据种类														
票据张数														
	复核　　记账				开户银行签章									

此联是开户银行交给持票人的回单

（16）业务 16——托收凭证。

托收凭证　（受理回单）　　　　5

委托日期 2009 年 12 月 5 日　　　　　　付款期限 2009 年 12 月 19 日

业务类型		委托收款（☑邮划、□电划）			托收承付（□邮划、□电划）												
付款人	全　称	湖北先锋科技有限公司			收款人	全　称	武汉钢铁公司										
	账　号	4251459				账　号	4569875										
	地　址	湖北省武汉市县	开户行	工行青山分理处		地　址	湖北省荆州市县	开户行	工行红钢城支行								
金额	人民币（大写）伍万捌仟伍佰元整						亿 千 百 十 万 千 百 十 元 角 分 ¥ 5 8 5 0 0 0 0									

款项内容	销货款	托收凭据名　称	发票	附寄单证张数	1
商品发运情况	发运		合同名称号码	321	

备注：		付款人注意：1. 根据支付人结算办法，上列委托收款（托收承付）款项在付款期限内未提出拒付，即视为同意付款，以次发付款通知。2. 如需提出全部或部分拒付，应在规定期限内，将拒付理由书并附债务证明退交开户银行。
付款人开户银行收到日期　2009 年 12 月 19 日　复核　记账	付款人开户银行签章　年　月　日	

（17）业务 17。

① 专用发票。

320063170　　　　　　## 增值税专用发票　　　　NO

开票日期：2009 年 12 月 15 日

购货单位	名　称：纳税人识别号：湖北先锋科技有限公司 地址、电话：027 - 4587989 开户行及账户：工行青山分理处 4251458				密码区		
货物或应税劳务名称	规格型号	单位	数量	单价	金额	税率	税额
电	220	千瓦	8 000	0.50	4 000.00	17%	680.00
合计					4 000.00		680.00
价税合计（大写）	肆仟陆佰捌拾元整			（小写）4 680.00			
销货单位	名　称：武汉钢铁公司 纳税人识别号：4658521 地址、电话：027 - 3968745 开户行及账户：工行武昌支行				备注	武汉钢铁公司财务专用章	

收款人：　　　　复核：　　　　开票人：吴昊　　　　销货单位（章）：

320063170 　　　　　　　　 **增值税专用发票** 　　　　　　　　 NO

　　　　　　　　　　　　　　　　　　　　　　　　　 开票日期：2009年12月15日

第三联： 发票联　购货方记账凭证

购货单位	名　　　　称：湖北先锋科技有限公司 纳税人识别号： 地　址、电话：027-4587989 开户行及账户：工行青山分理处 4251458				密码区		
货物或应税劳务名称	规格型号	单位	数量	单价	金额	税率	税额
电	220	千瓦	8 000	0.50	4 000.00	17%	680.00
合计					4 000.00		680.00
价税合计（大写）	肆仟陆佰捌 拾元整			（小写）4 680.00			
销货单位	名　　　　称：武汉钢铁公司 纳税人识别号：4658521 地　址、电话：027-3968745 开户行及账户：工行武昌支行				备注	武汉钢铁公司 财务专用章	

收款人：　　　　复核：　　　　开票：吴昊　　　　销货单位（章）：

② 托收凭证。

托收凭证 （受理回单） 　　　　　　 **5**

委托日期2009 的 12 月 6 日 　　　 付款期限　　 年 月 日

此联付款人开户银行给以付款人按期付款通知

业务类型	委托收款（☑邮划、□电划）			托收承付（□邮划、□电划）													
付款人	全　称	湖北先锋科技有限公司			收款人	全　称	武汉钢铁公司										
	账　号	4251459				账　号	4569875										
	地　址	湖北 省 武汉 市县	开户行	工行青山分理处		地　址	湖北 省 武汉 市县	开户行	工行武昌支行								
金额	人民币 （大写）	肆仟陆佰捌拾元整						亿	千	百	十	万	千	百	十	元	角 分
												4	6	8	0	0 0
款项内容	电费		托收凭据名　称	发票		附寄单证张数		1									
商品发运情况	发运			合同名称号码													
备注：				付款人注意：1. 根据支付人结算办法，上列委托收款（托收承付）款项在付款期限内未提出拒付，即视为同意付款，以次发付款通知。2. 如需提出全部或部分拒付，应在规定期限内，将拒付理由书并附债务证明退交开户银行。													
付款人开户银行收到日期 2009 年 12 月 19 日 复核　　记账			付款人开户银行签章 2009 年 12 月 20 日														

（18）业务 18。

① 保险费收据。

中国人民保险公司
THE PEOPLE'S insurance of china   No. JI023672

保险费收据   日期

DEBIT NOTE   DATE：

应支付本公司

单位：湖北先锋科技有限公司   Please be notified of the payable at

金额   人民币壹万元整

The sum of

系付 No：01587978   保险单/批单项下之保险费

Being due premium under Policy/End No. 财产保险 （闽 D－02899）

批单号：321546   合同/发票号：55555556

收据号：RMC：55556   Contract/Irnvoice NO.

保险金额：壹佰万元

SUM INSURED：   中国人民保险公司   分公司

保险费：壹万元   THE PEOLPLE'S INSURANCF COMPANY OF CHINA

PREMIUM：   XIAMEN BRANCH

保险有效期：2010.1.31 至 2011.1.31

审核：   制单：   @ BWRPOJX@

② 支票。

银行 （网）				
转账支票存根		转账支票 （闽） 厦门	56891001	
56891001				
附加信息	出票日期(大写) 年 月 日	付款行名称		
	收款人：	出票人账号		
	人民币(大写)	亿千百十万千百十元角分		
出票日期 年 月 日				
收款人	用途			
金 额	上列款项请从			
用 途	我账户内支付			
单位主管 会计	出票人签章 复核 记账			

（19）业务19——托收凭证。

托收凭证　（汇款依据或收账通知）　　　5

委托日期 2009 的 12 月 6 日　　　　付款期限　　年　　月　　日

业务类型	委托收款（☑邮划、□电划）　托收承付（□邮划、□电划）

付款人	全　称	广州市天一公司					收款人	全　称	湖北先锋科技公司				
	账　号	546987						账　号	4251458				
	地　址	广州 省 广州 市县	开户行	工行流行分行				地　址	湖北 省 武汉 市县	开户行	工行青山分理处		

金额	人民币（大写）	贰万叁仟陆佰元整	亿	千	百	十	万	千	百	十	元	角	分
						2	3	6	0	0	0	0

款项内容	销货款	托收凭据名　称	发票	附寄单证张数	2
商品发运情况	发运	合同名称号码	123321		

备注：	上列款项已划回收入你方账户内
复核　记账	收款人开户银行签章　2009 年 12 月 22 日

此联付款人开户银行给以付款人按期付款通知

（20）业务20。

① 验收单。

固定资验收单

2009 年 12 月 22 日　　　　编号

名　称	规格型号	来源	数量	购（造）价	使用年限	预计残值
激光切割机	h－k	上海	1	117 000.00	10	1 000.00
安装费	月折旧率	建造单位		交工日期	附件	
				2009 的 12 月 22 日		
验收部门	生产车间	验收人员	王进	管理部门		管理人员
备注						

② 专用发票。

320063170 　　　　　　　　　**增值税专用发票**　　　　　　No

开票日期：2009年12月15日

<table>
<tr><td rowspan="4">购货单位</td><td colspan="3">名　　　称：湖北先锋科技公司
纳税人识别号：6466123
地　址、电话：工行北路 027－4587989
开户行及账户：工行青山分理处 4251458</td><td rowspan="4">密码区</td></tr>
</table>

<table>
<tr><td colspan="2">货物或应税劳务名称</td><td>规格型号</td><td>单位</td><td>数量</td><td>单价</td><td>金额</td><td>税率</td><td>税额</td></tr>
<tr><td colspan="2">激光切割机</td><td>h－k</td><td>台</td><td>1</td><td>100 000.00</td><td>100 000.00</td><td>17%</td><td>17 000.00</td></tr>
<tr><td colspan="2">合　计</td><td></td><td></td><td></td><td></td><td>100 000.00</td><td></td><td>17 000.00</td></tr>
<tr><td colspan="2">价税合计（大写）</td><td colspan="4">壹拾壹万柒仟元整　　　（小写）117 000.00</td><td colspan="3"></td></tr>
</table>

<table>
<tr><td rowspan="4">销货单位</td><td colspan="2">名　　　称：上海宝山机电设备公司
纳税人识别号：
地　址、电话：上海宝山区 12 号 2258479
开户行及账户：工行宝山支行 7789456</td><td rowspan="4">备注</td></tr>
</table>

收款人：　　　　复核：　　　　开票人：吴昊　　　销货单位（章）：

第二联：发票联　购货方记账凭证

③ 报销单。

<table>
<tr><td>服务部门</td><td>设备科</td><td>姓名</td><td colspan="2">徐平</td><td>出差天数</td><td colspan="3">自 12 月 2 日至 12 月 21 日共 20 天</td></tr>
<tr><td rowspan="2">出事差由</td><td rowspan="2" colspan="4">采购设备</td><td rowspan="2">借旅支费</td><td>日期</td><td>2009.11.30</td><td>金额￥1 500</td></tr>
<tr><td colspan="3">结算金额 1 000.00</td></tr>
<tr><td colspan="3">出发</td><td colspan="3">到达</td><td rowspan="2">起地点</td><td rowspan="2">交通费</td><td rowspan="2">行李费</td><td rowspan="2">旅馆费</td><td rowspan="2">住勤费</td><td rowspan="2">途中伙食费</td></tr>
<tr><td>月</td><td>日</td><td>时分</td><td>月</td><td>日</td><td>时分</td></tr>
<tr><td>12</td><td>2</td><td></td><td>12</td><td>3</td><td></td><td>武汉—上海</td><td>150.00</td><td></td><td></td><td>500.00</td><td>200.00</td></tr>
<tr><td>12</td><td>20</td><td></td><td>12</td><td>21</td><td></td><td>上海—武汉</td><td>150.00</td><td></td><td></td><td></td><td></td></tr>
<tr><td></td><td></td><td></td><td></td><td></td><td></td><td></td><td></td><td></td><td></td><td></td><td></td></tr>
<tr><td></td><td></td><td></td><td></td><td></td><td></td><td></td><td></td><td></td><td></td><td></td><td></td></tr>
<tr><td colspan="6">合　　计</td><td colspan="6">万零　壹仟零　佰零　拾零　元零　角零　分￥1 000.00</td></tr>
<tr><td>主管</td><td></td><td colspan="2">会计</td><td></td><td>出纳</td><td></td><td>李军</td><td>报销人</td><td colspan="3">徐平</td></tr>
</table>

④ 收款收据。

<u>统一收据</u>　　发票代码
　　　　　　　　1352020760193

付款方：_____

发票号码

日期_____年_____月_____日

项　目	金　额

会计人民币
（大写）：　　　　　　　　　　　　　　　　　　　¥　　元

备注：未经收款单位盖章及收款人签章无效。

款项结算方式：<u>现金</u>　　开票：_____　　收款：_____　　收款单位(盖章)

第三联：记账

（21）业务21——银行汇票。

付款期限
壹 个 月

银行

银行汇票（多余款项收账通知）**4**

汇票号码

出票日期　　贰零零伍年壹拾贰月零壹日　　　代理付款行：工行上海宝山支行 行号：7789
（大写）

收款人：	上海市宝山机电设备公司	账号：7789456

出票金额　　人民币　壹拾贰万元整
　　　　　（大写）

实际结算金额	人民币 （大写）	壹拾壹万柒仟元整	千	百	十	万	千	百	十	元	角	分
					1	2	0	0	0	0	0	0

申请人：湖北先锋科技有限公司　　　　账号：4251458

出票行：工行青山分理处 行号：123　　密押：

备　注：　购设备

出票行签章

多　余　金　额										左列退回多余金额 已收入你账户内
千	百	十	万	千	百	十	元	角	分	
				3	0	0	0	0	0	

此联出票行作多余款后交申请人

（22）业务22。

① 专用发票。

增值税专用发票　　　　No

记账联

开票日期：2009年12月15日

购货单位	名　　　　称：湖北华民公司 纳税人识别号：4685521 地　址、电话：6545897 开户行及账户：工行汉口支行			密码区		

货物或应税劳务名称	规格型号	单位	数量	单价	金额	税率	税额
B产品	1-1	台	1	12 000.00	12 000.00	17%	2 040.00
合计					12 000.00		2 040.00

价税合计（大写）	壹万肆仟零肆拾元整	（小写）14 040.00

销货单位	名　　　　称：湖北先锋科技有限公司 纳税人识别号：6466123 地　址、电话：青山北路027-4587989 开户行及账户：工行青山分理处 4251485	备注

收款人：　　　　复核：　　　　开票人：吴昊　　　　销货单位（章）：

② 进账单。

（　中国银行） **进账单**（回单）

年　月　日

付款人	全　称		收款人	全　称								
	账　号			账　号								
	开户行			开户行								
金额	人民币（大写）				亿	千	百	万	千	百	元	角	分
票据种类												
票据张数			开户银行签章									

复核　记账

此联是开户银行交给持票人的回单

（23）业务23——利息回单。

银行利息回单

年　月　日

付款人	全　称	湖北先锋科技有限公司	收款人	账　号	
	账　号	4251458		户　名	工行青山分理处
	开户行	工行青山分理处		开户行	
			利率	利息	500.00

户第10-12　月利息

银行盖章

代付、收款通知书

（24）**业务 24——收据。**

统一收据   发票代码

1352020760193

发票号码 00249833

付款方：__青山劳动服务公司__   日期 _2009_ 年 _12_ 月 _25_ 日

项　目	金　额
房屋押金	3 000.00

会计人民币（大写）：叁仟元整   ￥3 000.00 元

备注：未经收款单位盖章及收款人签章无效。

第三联：记账

款项结算方式：现金   开票：   收款：   收款单位（盖章）

（25）**业务 25——工资汇总表。**

工资结算汇总表

汇报单位：   2009 年 12 月 5 日   单位：元

部门人员		职工人数	月标准工资	浮动工资	津贴和补贴		岗位工资	应扣工资		应付工资	代扣工资				合计工资	代扣个人所得税	实发工资
部门名称	人员类别				物价补贴	中夜班津贴		病假	事假		房租	保险	水电	小计			
生产车间	工人									6 150.00							
	管理									1 900.00							
管理人员										1 800.00							
企业管理人员																	
营销人员																	
厂工会人员																	
合　计																	

会计主管：   复核：   制表：

· 144 ·

（26）业务26——支票。

银行　(网)

现金支票存根

56891001

附加信息 _____

_____

出票日期　年　月　日

收款人	
金　额	
用　途	

单位主管　　会计

本支票付款期限十天

现金支票　　(闽)　厦门　56891001

出票日期(大写)　年　月　日　付款行名称

收款人：　　　　　　　　　　出票人账号

人民币(大写) ▓▓▓▓▓▓▓▓▓▓ | 亿 | 千 | 百 | 十 | 万 | 千 | 百 | 十 | 元 | 角 | 分 |

用途 _____ ▓▓▓▓▓▓▓▓

上列款项请从
我账户内支付
出票人签章

复核　　记账

（27）业务27——进账单。

（　中国银行）**进账单**（回单）

年　月　日

付款人	全　称		收款人	全　称	
	账　号			账　号	
	开户行			开户行	

金额	人民币（大写）	亿	千	百	二	万	千	百	二	元	角	分

票据种类	
票据张数	

开户银行签章

复核　　记账

此联是开户银行交给持票人的回单

（28）业务28——现金盘点表。

库存现金盘点表

年　月　日　　　编号

账存金额	实存金额	盘盈	盘亏	备注

盘点人（签章）：　　　　　　出纳员（签章）：

4) 银行对账单

工商银行对账单

时间 2009 年 月	日	票据种类	号码	摘要	借方金额	贷方金额	余额
12	1			余额			455 370.39
	1	支票	****	提现金	2 000.00		453 370.39
	1	电汇		付销货款	50 000.00		4 033 370.39
	1	汇票		付货款	120 000.00		283 370.39
	2	进账单		收货款		5 000.00	288 370.39
	4	支票		付安装费	5 000.00		283 370.39
	7	支票		提现金	9 220.00		274 150.39
	10	进账单		收货款		1 500.00	275 650.39
	12	支票		税款	35 120.00		240 530.39
	15	电汇		付货款	40 000.00		200 530.39
	15	付款通知		手续费	120.00		200 410.39
	18	进账单		收货款		10 000.00	210 410.39
	19	委托		付货款	58 500.00		151 910.39
	20	委托		电费	4 680.00		147 230.39
	21	支票		保险费	10 000.00		137 230.39
	22	委托		收货款		23 600.00	160 830.39
	25	汇票		收余款		3 000.00	163 830.39
	26	进账单		收货款		14 040.00	177 870.39
	26	收账通知		利息		500.00	178 370.39
	31	电汇		收货款		100 000.00	278 370.39
				本月合计			278 370.39

银行存款余额调节表

开户银行：　　　　　账号：　　　　　　　　　　　　　　　　　年　　月　　日止

摘　要	入账日期 凭证号	金额											摘要	入账日期 凭证号	金额										
		亿	千	百	十	万	千	百	十	元	角	分			亿	千	百	十	万	千	百	十	元	角	分
"银行存款日记账"余额													《银行对账单》余额												
加：银行已收，企业未收。													加：企业已付，银行未收。												
1													1												
2													2												
3													3												
4													4												

摘　要	入账日期凭证号	金额											摘要	入账日期凭证号	金额										
		亿	千	百	十	万	千	百	十	元	角	分			亿	千	百	十	万	千	百	十	元	角	分
5													5												
6													6												
7													7												
减：银行已付，企业未付。													减：企业已付，银行未付。												
1													1												
2													2												
3													3												
4													4												
5													5												
6													6												
7													7												
8													8												
10													10												
11													11												
12													12												
调节后余额													调节后余额												

财会主管：　　　　　　　　　　制表：

参 考 文 献

[1] 陈容. 小企业会计与出纳实务操作. 北京：企业管理出版社，2002.

[2] 曹凯. 手把手教你当出纳. 北京：经济科学出版社，2004.

[3] 邵军，杜海霞，刘书明. 教你做出纳和纳税. 北京：经济管理出版社，2005.

[4] 林云刚，朱建君. 出纳会计实务. 北京：高等教育出版社，2005.

[5] 索晓辉. 出纳实务技能一本通. 北京：中华工商联合出版社，2006.

[6] 何大安. 出纳实务现学现用. 北京：企业管理出版社，2006.

[7] 郑卿，李拥军. 出纳人员岗位培训手册. 北京：人民邮电出版社，2006.

[8] 田国强. 出纳实务. 上海：立信会计出版社，2006.

[9] 鄢烈仿. 出纳实务. 武汉：华中科技大学出版社，2007.

[10] 余国艳. 出纳实务岗位技能实训. 北京：科学出版社，2007.

[11] 林云刚，朱建君. 出纳岗位实务. 北京：电子工业出版社，2007.

[12] 余国艳. 出纳实务. 北京：科学出版社，2007.

[13] 胡世强. 出纳实务. 成都：西南财经大学出版社，2007.

[14] 李海波. 出纳实务新编. 上海：立信会计出版社，2007.

[15] 李建卿，李雅娟. 出纳岗位实务. 太原：山西经济出版社，2008.

[16] 王义华. 出纳入门捷径. 深圳：海天出版社，2008.

[17] 杨春英. 出纳岗位实务. 上海：华东师范大学出版社，2008.

[18] 黄雅雯. 出纳入门7日通. 北京：京华出版社，2008.

[19] 李星华. 出纳岗位实用技能与技巧. 北京：中国财经出版社，2008.

[20] 苏伟伦. 新出纳实务入门. 北京：中国纺织出版社，2008.

[21] 刘晓光，崔维. 新手学出纳. 北京：人民邮电出版社，2008.

[22] 张文会. 出纳十日读. 北京：中国商业出版社，2008.